JN270821

選手たちを動かした勇気の手紙

WHAT LEADER REALLY DO TO MAKE A STRONG TEAM

読売ジャイアンツ監督
原 辰徳

幻冬舎

巨人の選手たちを動かしたのは、お金でも、鉄拳でもなく、心をこめた直筆《じきひつ》の手紙だった。

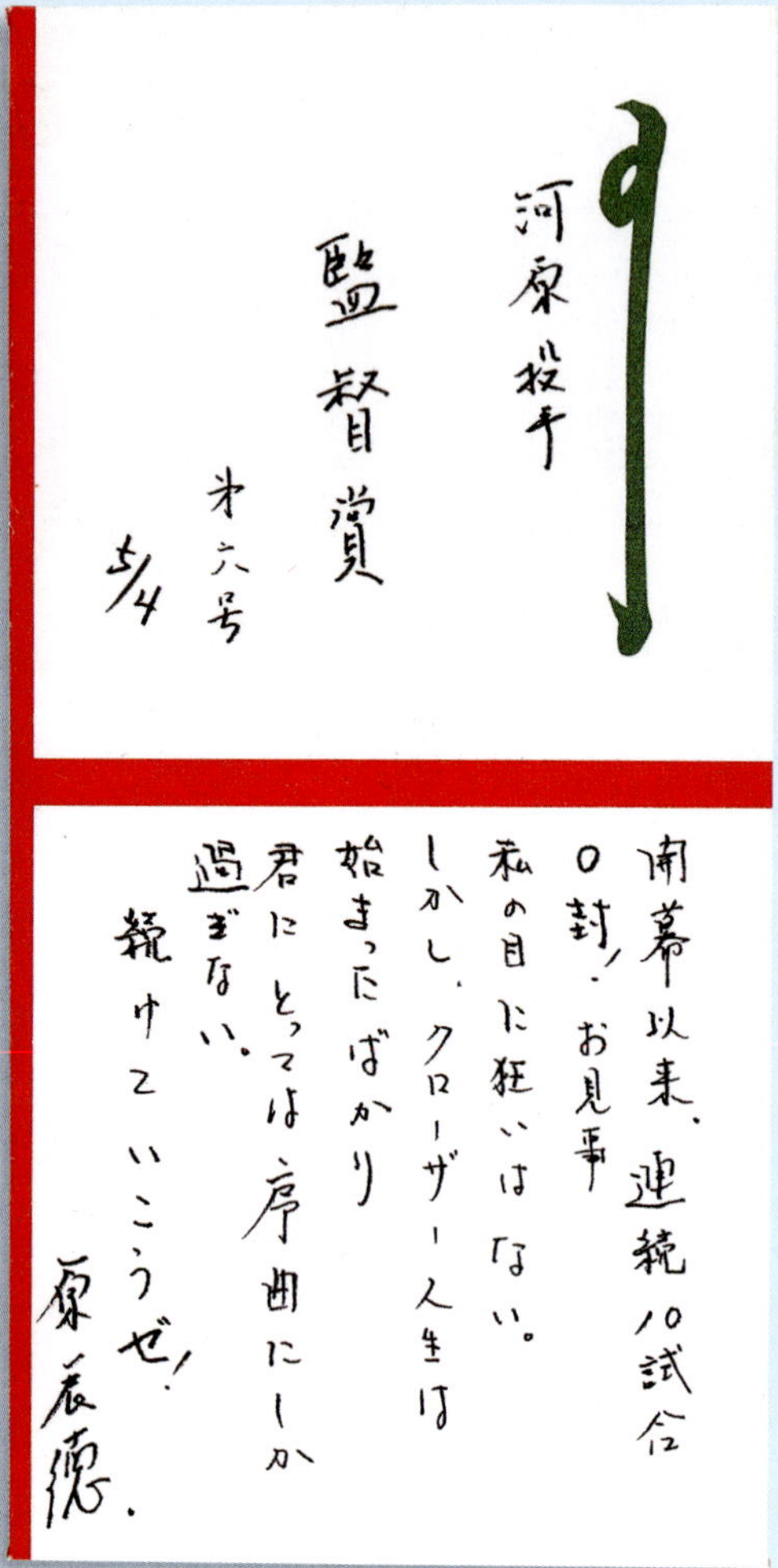
河原投手
監督賞
第六号
5/4

開幕以来、連続10試合
0封! お見事
私の目に狂いはない。
しかし、クローザー人生は
始まったばかり
君にとっては序曲にしか
過ぎない。
続けていこうぜ!
原辰徳.

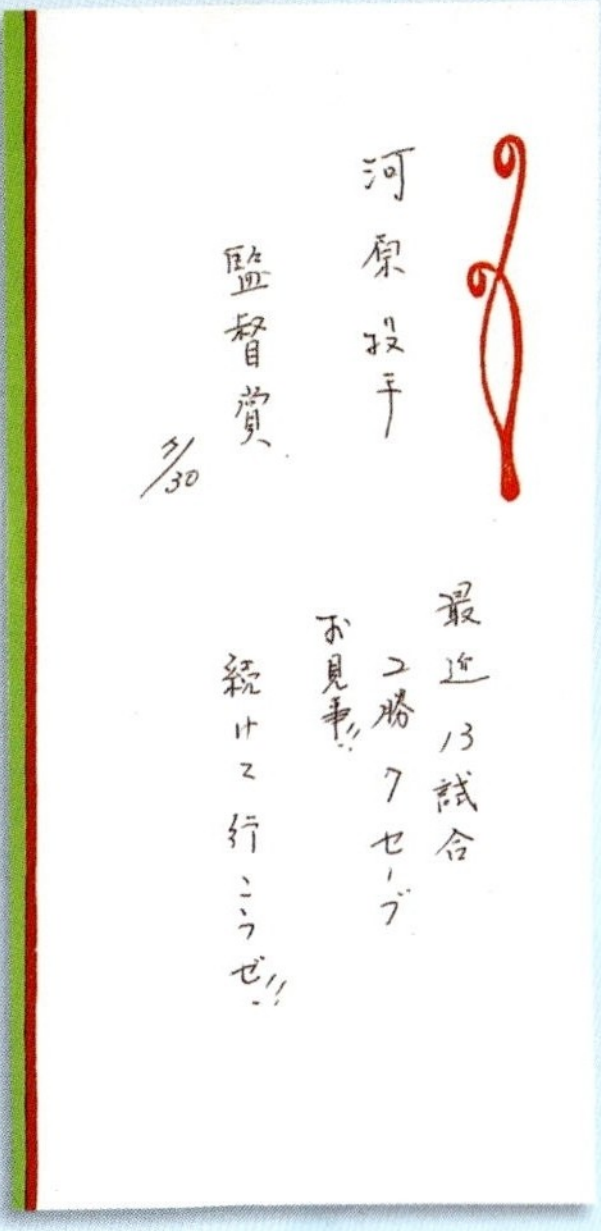

上右・最近13試合　2勝7セーブお見事!!　続けて行こうゼ!!
下右・7／2対ドラゴンズ（東京ドーム）　延長12回2死・1、2塁　サヨナラ3ランお見事！　挫折・逆境、プロ野球選手なら望むところ、本人の姿勢次第では必ずすばらしい財産になります。頑張れ!!
下左・2002日本シリーズ第三戦10／29　試合を決める満塁ホームランお見事！　日本シリーズでの活躍は二人で作ってきた。いろいろな事が思い出されます。頼しく見える貴君の姿　感無量、もうひと踏張り共に前進していこう。

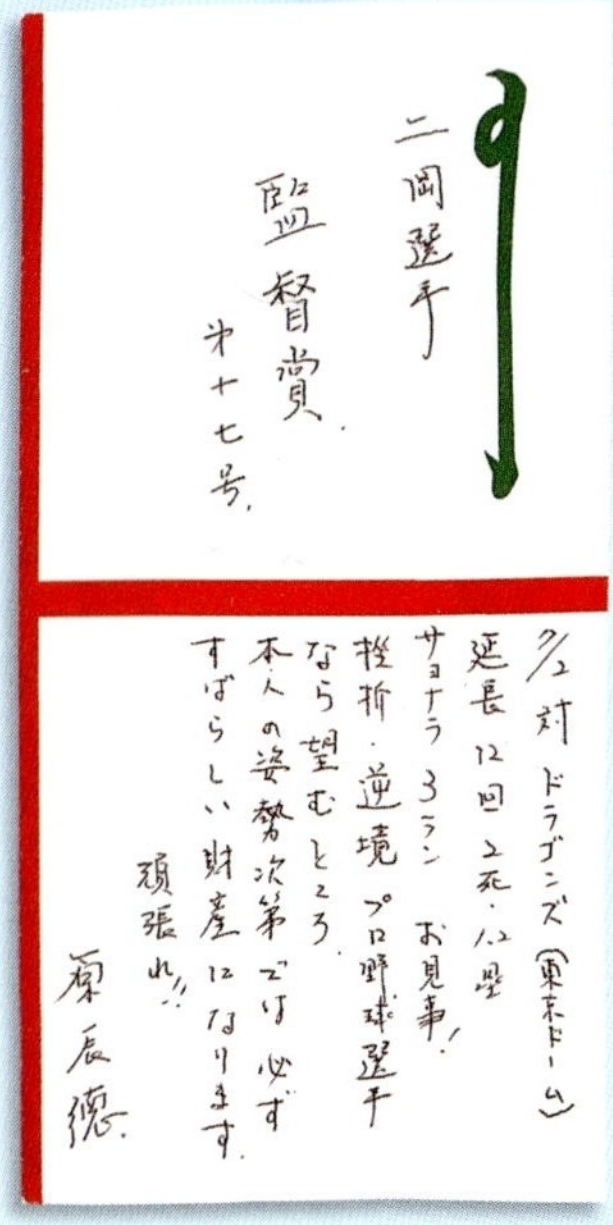

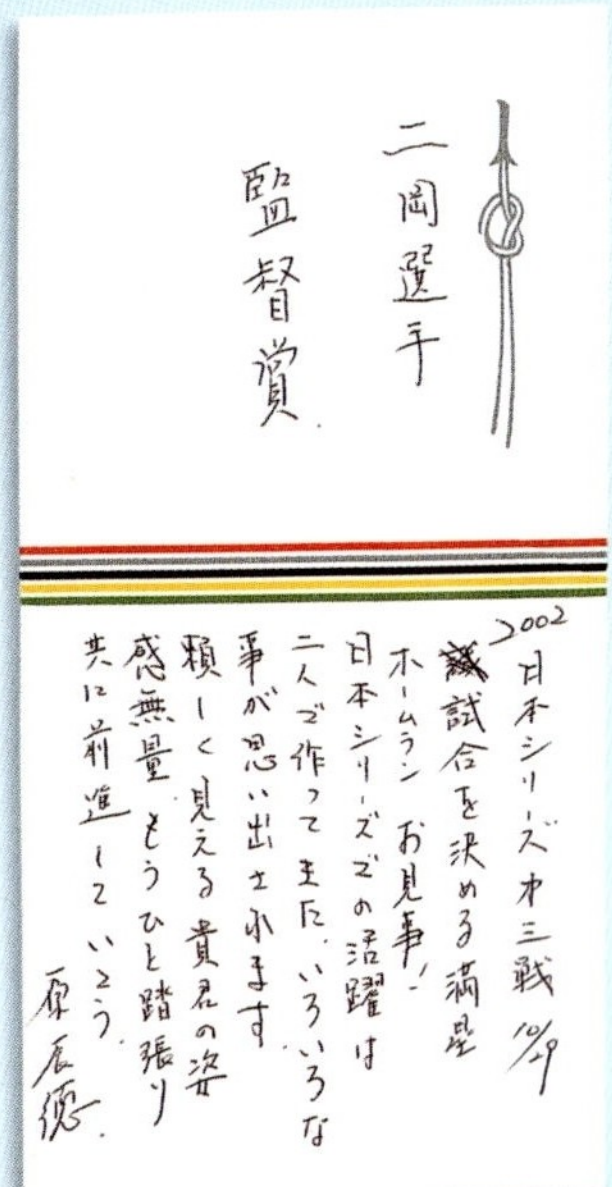

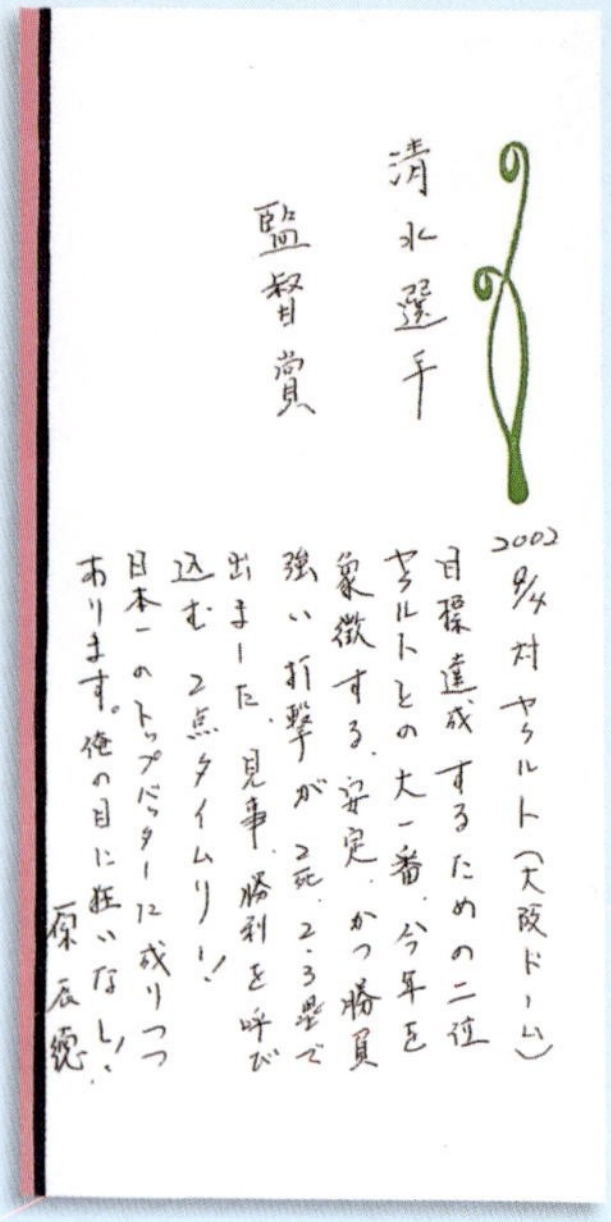

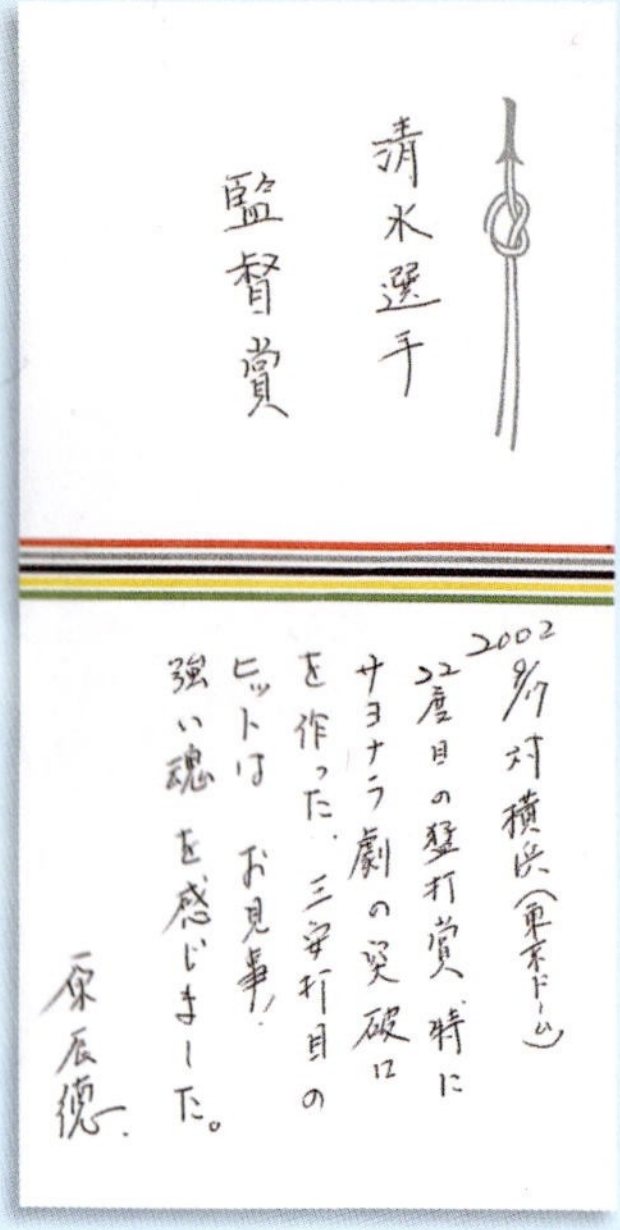

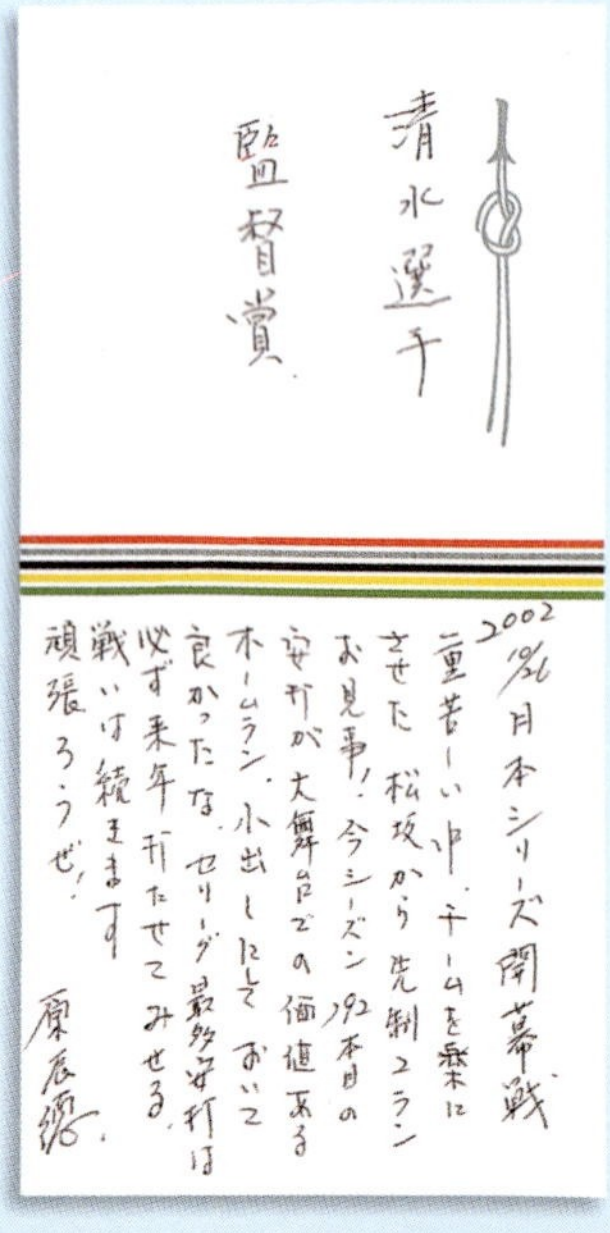

上右・2002　9／4対ヤクルト（大阪ドーム）　目標達成するための二位ヤクルトとの大一番、今年を象徴する、安定、かつ勝負強い打撃が2死、2・3塁で出ました。見事、勝利を呼び込む2点タイムリー！　日本一のトップバッターに成りつつあります。俺の目に狂いなし！

上左・2002　9／17対横浜（東京ドーム）　22度目の猛打賞、特にサヨナラ劇の突破口を作った、三安打目のヒットはお見事！　強い魂を感じました。

下左・2002　10／26　日本シリーズ開幕戦　重苦しい中、チームを楽にさせた、松坂から先制2ランお見事！　今シーズン192本目の安打が大舞台での価値あるホームラン。小出しにしておいて良かったな。セリーグ最多安打は必ず来年打たせてみせる。戦いは続きます。頑張ろうぜ！

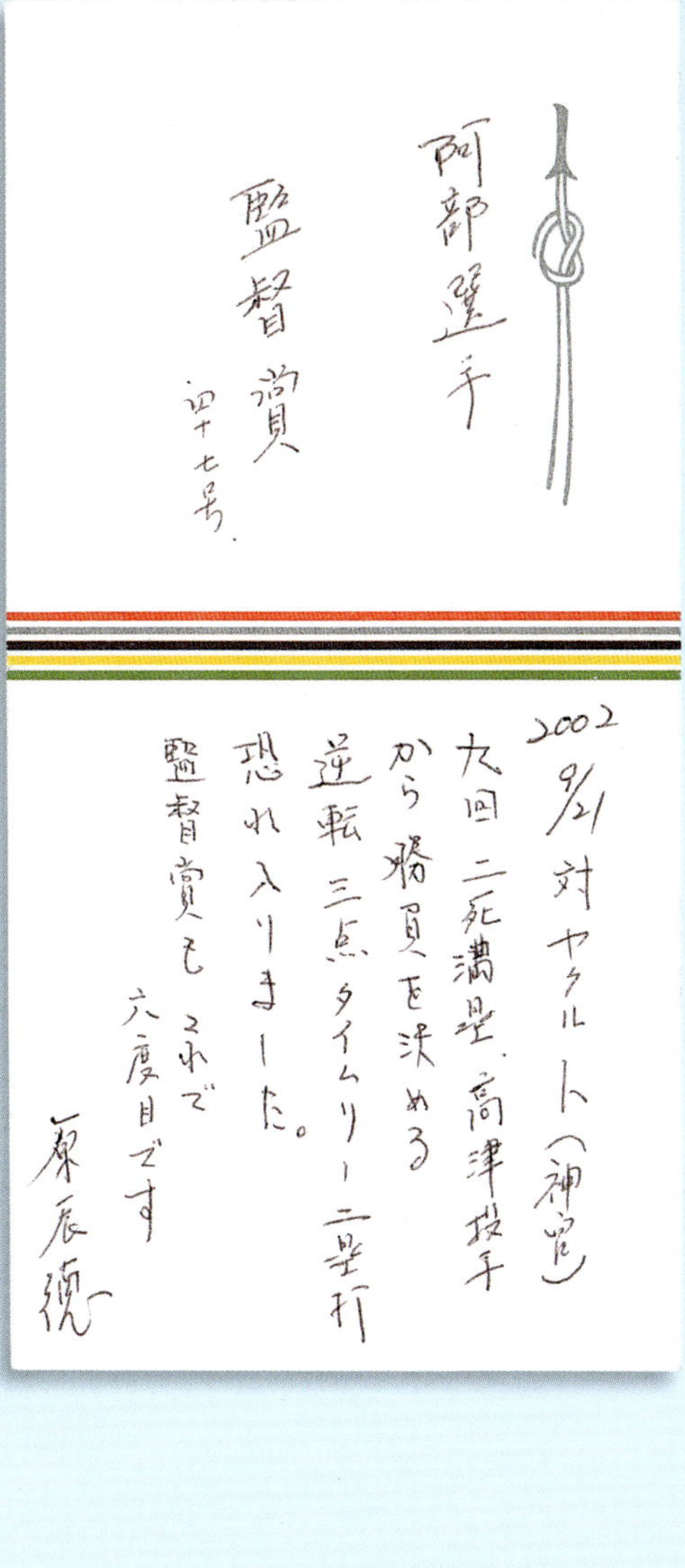

阿部選手
監督賞
四十七号.
2002
9/21 対ヤクルト(神宮)
九回二死満塁.高津投手
から勝負を決める
逆転三点タイムリー二塁打
恐れ入りました。
監督賞も これで
六度目です
原辰徳

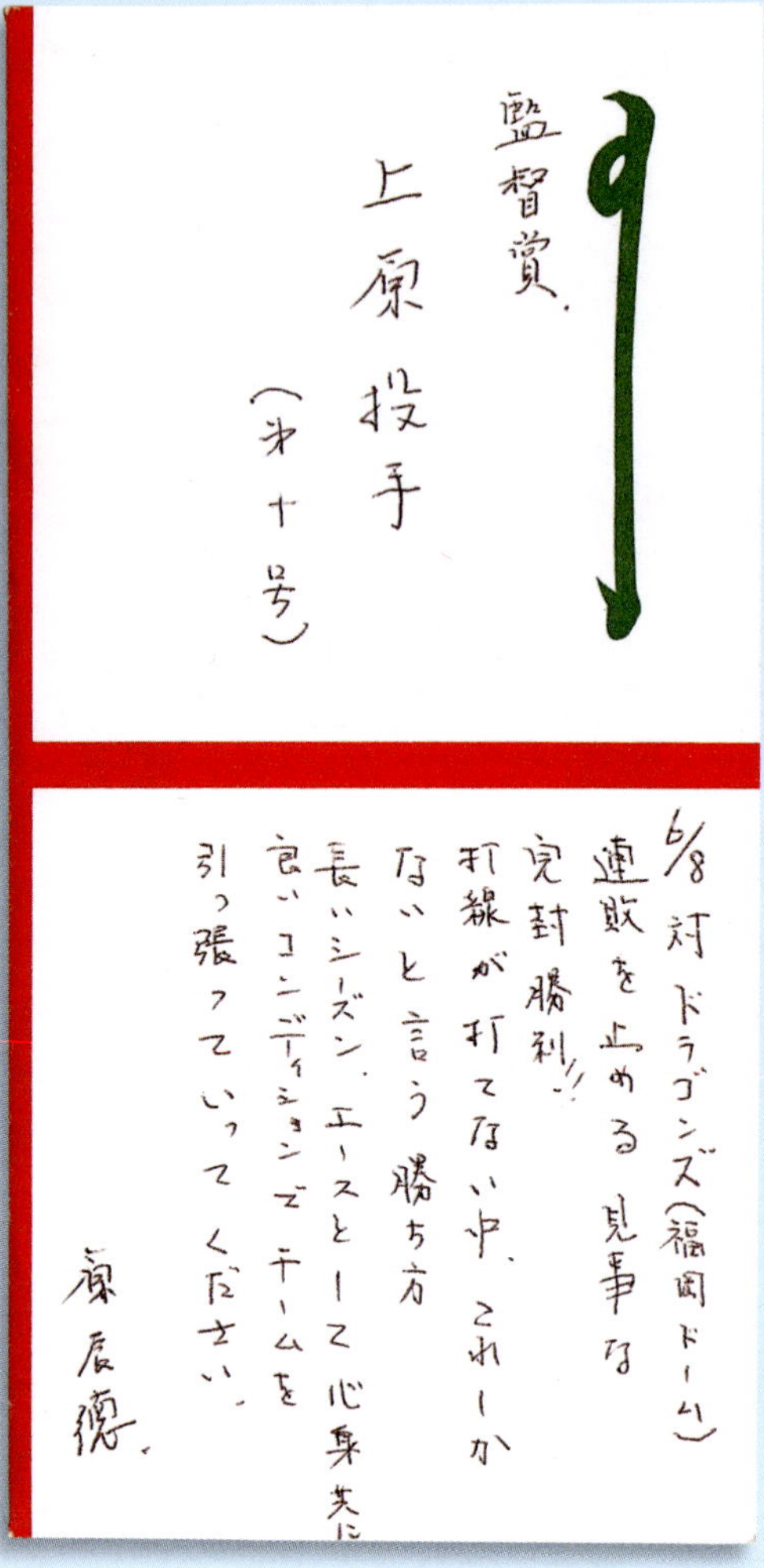
監督賞、
上原投手
（第十号）
6/8 対ドラゴンズ（福岡ドーム）
連敗を止める見事な
完封勝利!!
打線が打てない中、これしか
ないと言う勝ち方
長いシーズン、エースとして心身共に
良いコンディションでチームを
引っ張っていってください。
原辰徳。

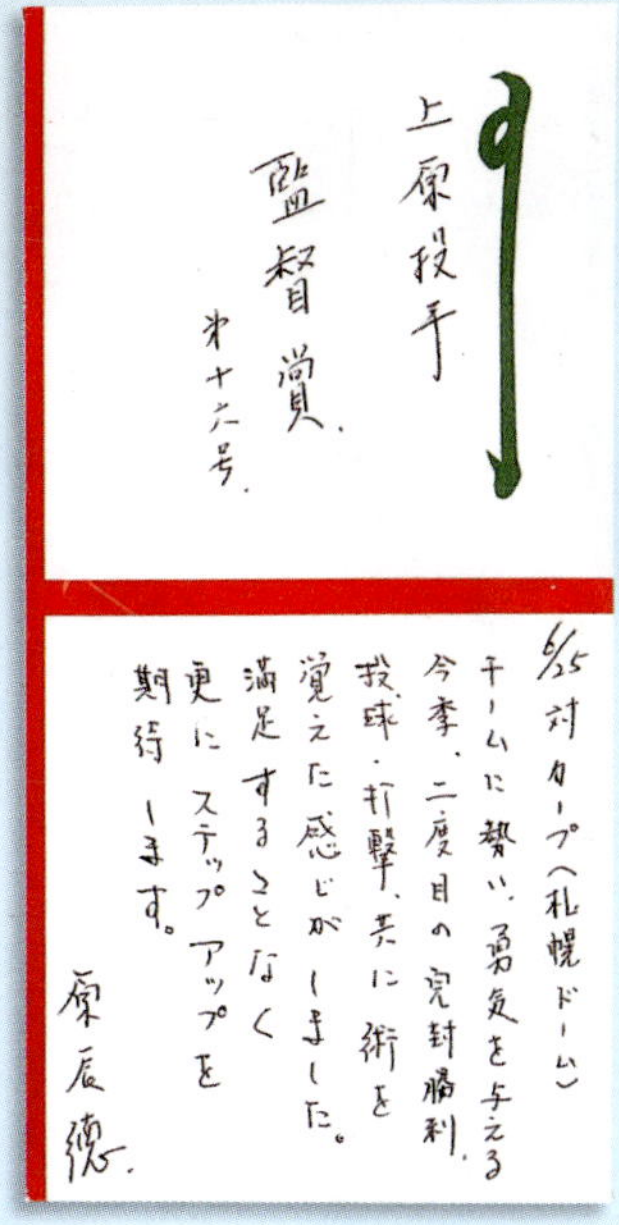
上原投手
監督賞
第十六号
6/25 対カープ（札幌ドーム）
チームに勢い、勇気を与える
今季、二度目の完封勝利
投球・打撃、共に術を
覚えた感じがしました。
満足することなく
更にステップアップを
期待します。
原辰徳

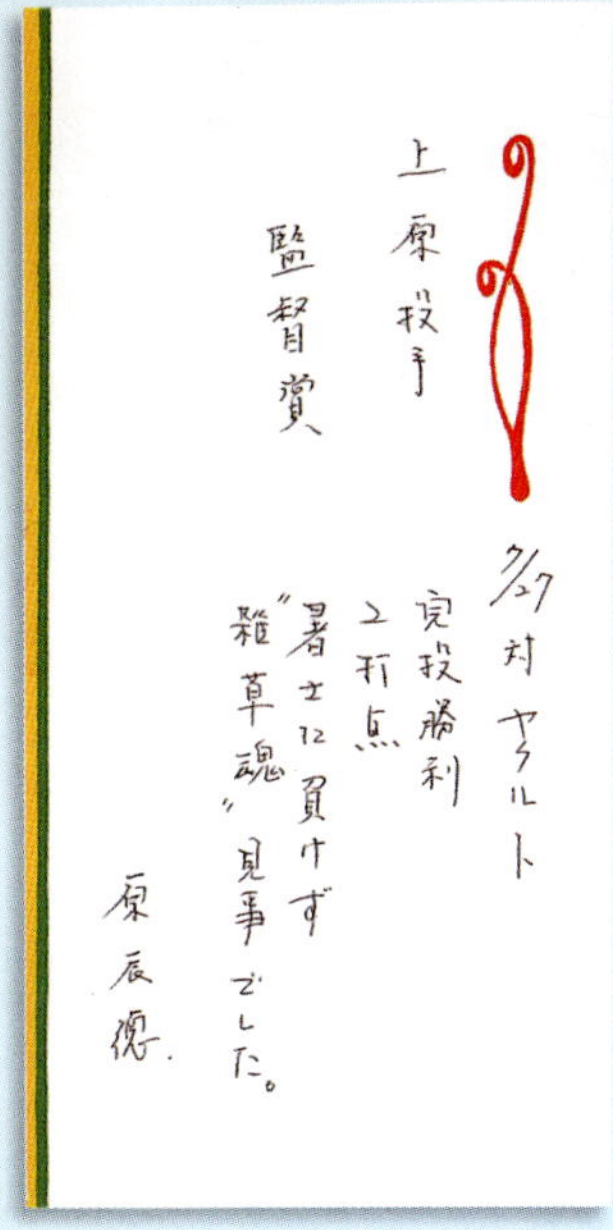
上原投手
監督賞
7/27 対ヤクルト
完投勝利
2打点
"暑さに負けず
雑草魂" 見事でした。
原辰徳

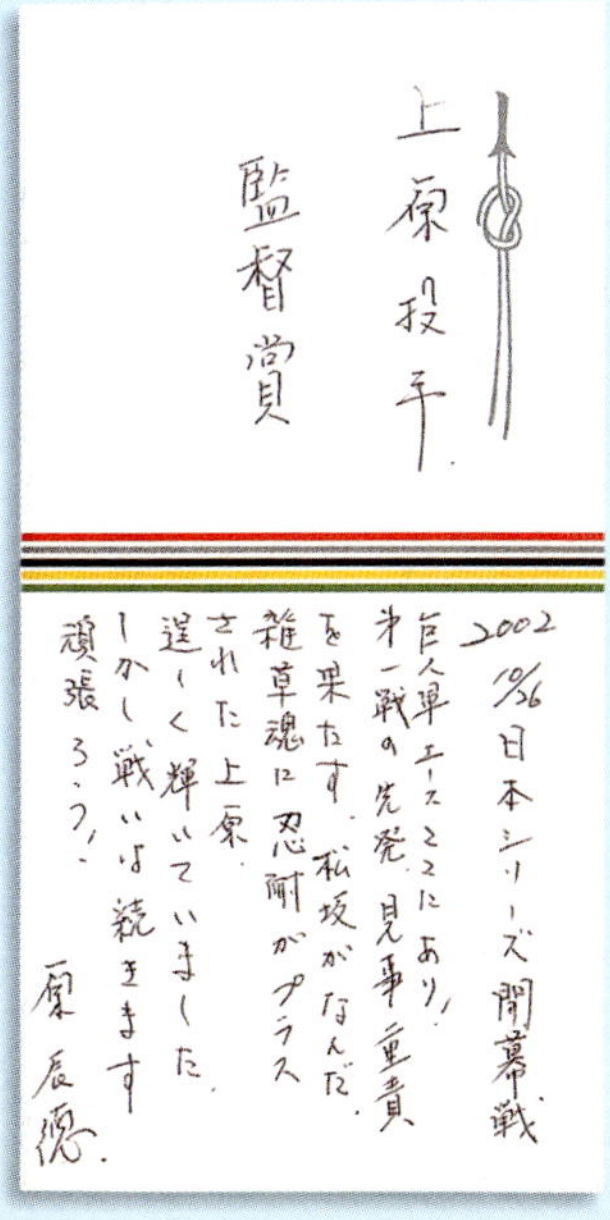
上原投手
監督賞
2002 10/26 日本シリーズ開幕戦
巨人軍エースここにあり！
第一戦の先発 見事重責
を果たす 松坂がなんだ
雑草魂に忍耐がプラス
された上原
逞しく輝いていました
しかし戦いは続きます
頑張ろう！
原辰徳

上右・6／25対カープ（札幌ドーム）　チームに勢い、勇気を与える　今季、二度目の完封勝利。投球・打撃、共に術を覚えた感じがしました。満足することなく更にステップアップを期待します。

上左・7／27対ヤクルト　完投勝利　2打点　暑さに負けず〝雑草魂〟見事でした。

下右・2002　10／26　日本シリーズ開幕戦　巨人軍エースここにあり！　第一戦の先発、見事重責を果たす。松坂がなんだ。雑草魂に忍耐がプラスされた上原、逞しく輝いていました。しかし戦いは続きます。頑張ろう！

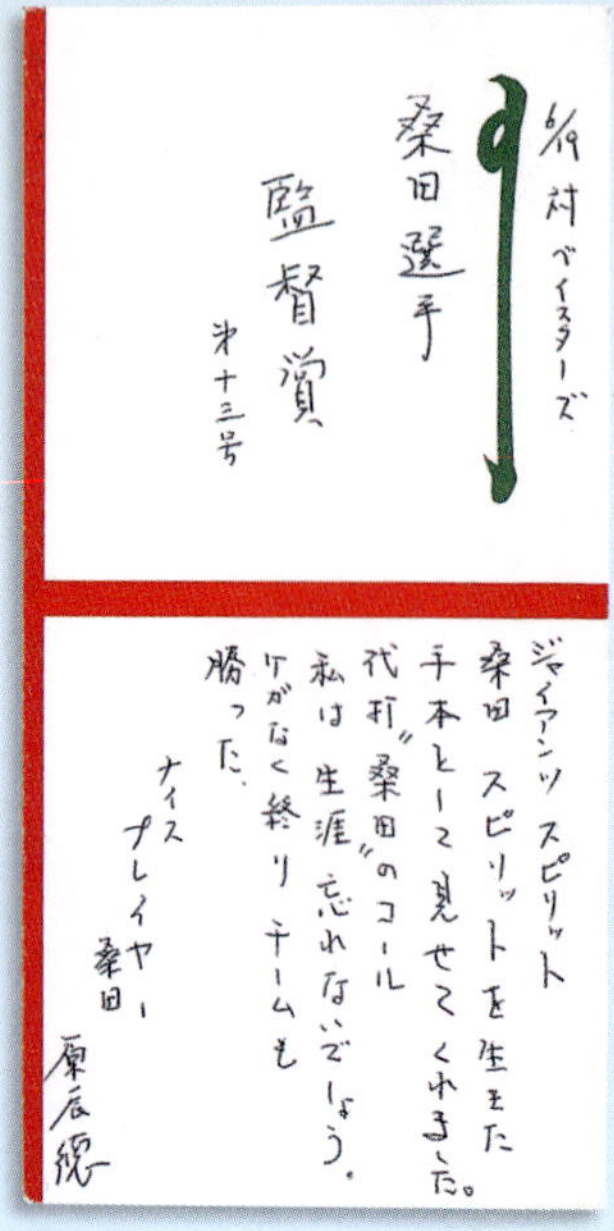

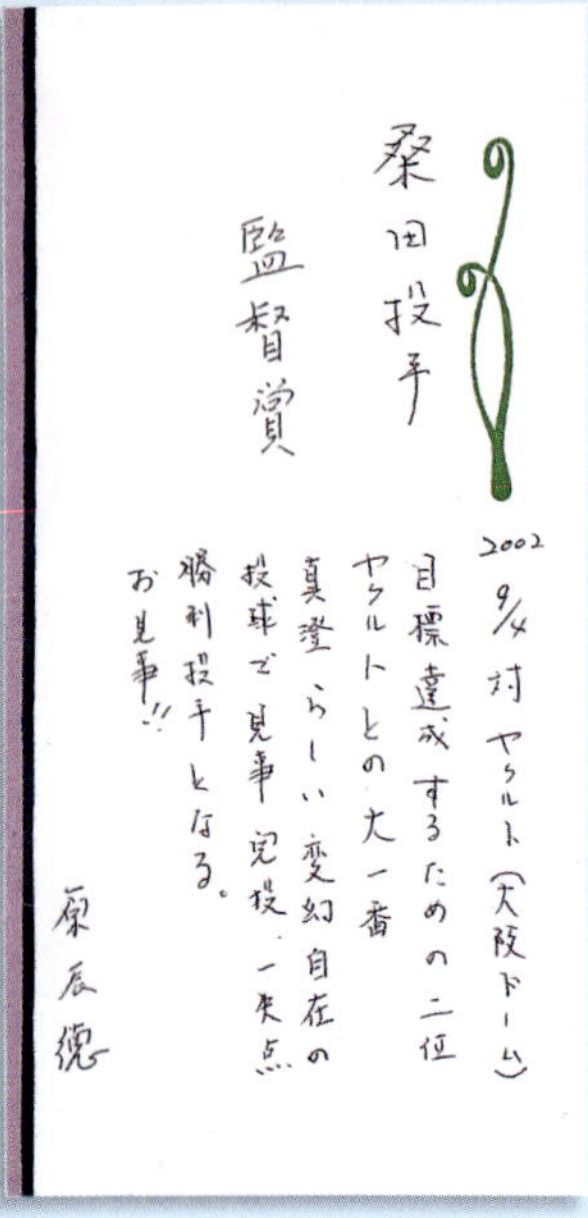

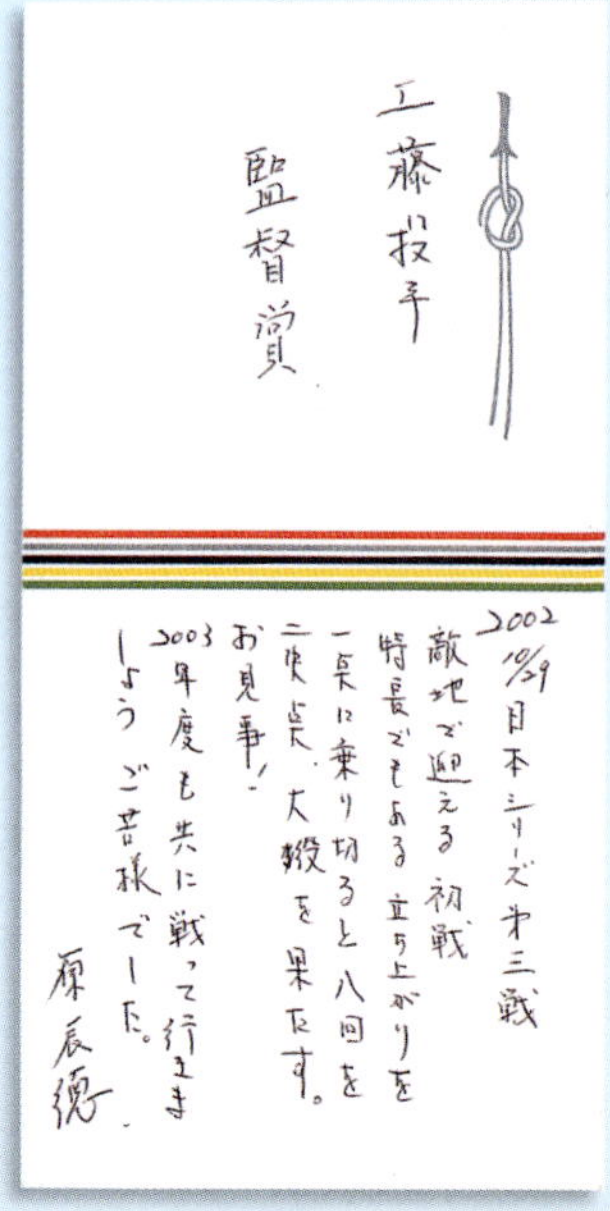

上右・6／19対ベイスターズ　ジャイアンツ・スピリット　桑田スピリットを生きた手本として見せてくれました。代打〝桑田〟のコール　私は生涯忘れないでしょう。ケガなく終りチームも勝った。ナイスプレイヤー桑田

上左・2002　9／4対ヤクルト（大阪ドーム）　目標達成するための二位ヤクルトとの大一番　真澄らしい変幻自在の投球で見事完投。一失点勝利投手となる。お見事!!

下右・2002　10／29　日本シリーズ第三戦　敵地で迎える初戦　特長でもある立ち上がりを一点に乗り切ると八回を二失点、大役を果たす。お見事！　2003年度も共に戦って行きましょう。ご苦労様でした。

選手たちを動かした勇気の手紙

はじめに

プロローグに過ぎない

苦しく、楽しくもあった現役野球生活を終え、
評論家からコーチに転身し、そして監督という立場で一年間を全《まっと》うしました。

全力で走り続けた四十四年間です。
今まで感じたこと、思うこと、考えたことを素直な気持ちで表現しました。
ひとつの節目として、私自身が私自身のために書き残し、送る手紙です。

具体的にどうしてきたか、どうしていきたいかは、
本書の中で詳しく述べていきますが、

すべてをさらけ出した今、丸裸になってしまった気持ちさえしています。
丸裸になり、新たなスタートが切れそうです。

五年後、十年後にこの本を読み返したときが楽しみです。
まだまだ未熟だったと感じるのか、自分自身が成長したと感じられるのか、
全く進歩してないと感じるのか、わかりません。
ですから楽しみなのです。

チームを育《はぐく》み、強くするという意味においても、
やっとスタートラインに立ったばかりです。

これはプロローグに過ぎません。
そして第一章、第二章と続いていくのです。

昨年私は、四十六通の監督賞を出しました。
金額はたかが知れてますが、そのすべてに、
その時感じたありのままの気持ちを手紙にして添えました。

コピーをとったりしていないので、
今となっては何を書いたのかはっきり思い出すことができないのですが、
興奮の余韻だけは、掌《て》の中にはっきり残っています。

あるテレビ番組を見た時に、選手たちが
あの手紙を大切にとっておいてくれているのを知って驚きました。
選手たちがそんなに喜んでくれるとは思ってもいなかったからです。

あの手紙は、私が彼らから勇気をもらった証《あかし》です。
失敗を恐れない勇猛果敢なプレー。すさまじい気迫でつかんだ勝利。

どの選手もみな、まばゆい光を放っていました。
歓声がこだまする中で、カクテル光線を浴びながらベンチに戻ってくる
選手たちの姿は、最高に美しかったです。
私は監督として、そのような瞬間に立ち会えて、とても幸運でした。
そして、これから何回でも立ち会っていきたいと思っています。
夢の続きは、まだこれからです。

原　辰徳

選手たちを動かした勇気の手紙

目次

第二章　敗北から何を学ぶか

第三章　極秘日記／２００２年激闘の軌跡

第四章　モノローグ　引退を決めたホームラン

写真提供　報知新聞社

第一章　指揮官にカリスマ性など必要ない

野手の武器はバット、監督の武器は言葉

カリスマ性というのは、自分で求めるべきものではありません。それは、相手が自分のことをどう感じているかの問題です。自分の中でカリスマなんて気持ちを少しでも持って、世間の人や選手に接しようとすれば、危険な落とし穴になると思います。

監督になった時、背伸びをしないようにしました。背伸びをしたってたかが知れています。せいぜい「五センチ」がいいところです。その五センチ分を高く見せようとして、背伸びしたまま生活ができるでしょうか。そんな真似をしたら、つまずくことも多くなるでしょう。実際以上に自分を大きく見せる必要など、どこにもないのです。

私の指導法は、自分が「背伸び」をしない。自身の力以上に「大きくみせようとしない」ということから始まっています。

監督やコーチという立場では、言葉でどのように伝えることができるかということがすごく大事だと考えています。「なんで俺の気持ちがわかんないんだ」なんて言っても、やはり相手には通じません。言わなくてもわかるだろうと思っていても、言葉で伝えなければわか

らないことがあります。

「俺の目を見ろ～、俺についてこい～♪」みたいな浪花節的なところも重要ではあるけれども、それだけじゃ無理です。あまりに説得力がなさすぎる。

ですから野手の武器がバットなら、監督の武器は言葉だと思うようになりました。

現役を引退してから、書物や人との会話の中で言葉を探しては、自分の気持ちと同じものに出会ったら、「ああこういう心理、こういう気持ちの時には、こういう表現のしかたをするのか」というようなことを勉強しました。

昨年（二〇〇二年）、私が出した監督賞には、すべてその選手への思いを込めた手紙を添えました。私はお前のことをじっと見続けているよ、そう選手に伝えたかったからです。

旅人のマントを脱がしたのは、冷たい北風ではなく、照り続ける太陽でした。本当に人の心を動かすものは、左遷の恐怖でもなく、鉄拳でもなく、まして巨額の富でもありません。ただ単純な人の気持ちなのではないでしょうか。

私は、お前がずっと苦しんできたことを知っている、黙々と頑張ってきたことも知っている、だからこそ、この結果がついてきたんだ、よかったじゃないか。ひとことだけ、そう言いたかったのです。

お金で買えないものが、人の気持ちであり、お金よりも心を動かすのが、まぎれもない真実の言葉なのだと思います。

誰と失敗すれば悔いを残さないか

この章では、私が考える選手起用法、人材活用術についてお話ししたいと思います。

私が選手を起用する時は、まず「どいつと失敗しようかな」と考えます。もちろん、選手に向かって、お前と失敗しようなんて言ったりしませんし、そんな気持ちを表に出したりはしません。

でも自分の心の中では、いつも「俺は誰と失敗したら、悔いが残らないだろうか」と問い続けているのです。

例えば、二〇〇二年の日本シリーズを決定付けたのは、四戦目で後藤が松坂から打った三塁打ですが、後藤がシリーズ前に私のところへ来て、「監督、僕、松坂には絶対の自信があるんですよ」と言うんです。

その時は、ああそうかと思って聞いていたんですが、たしかにオープン戦で何度か対戦していて成績がいいのです。それで土壇場の局面で、後藤のその台詞《せりふ》をぱっと思い出すわけです。

よし、ここは後藤しかいないだろう、後藤で失敗しても、俺は悔いは残らないな。それで後藤を呼んで、「お前自信あるって言ってたな。任せるぞ、思いきっていけ」となったわけです。

後藤が結果を出すかどうかよりも、私がこの場面は、後藤しかいない、後藤で失敗しても後悔しないと思えていることが何よりも大切です。

その他に、誰を選ぶかというのは、私なりの見方があります。試合前のグラウンドで、いつもと違う目の色をしていると、「おやっ」と思ったりします。

それと自分が使う道具の扱い方が気になります。選手は練習の時にバットを二本くらい持ってくるものなんですが、その時に放り投げたりしてると、いかんなと思うわけです。ヘルメットだって自分の頭にかぶるものを、その辺の地べたに平気で転がしておくようなのはどうかなと思います。そういうことを私は嫌います。

試合中の声というのもあります。自軍のライバル選手なのに一生懸命応援している。そういう時は、もしかしたらこいつならやってくれるかもしれないと思うわけです。

直感と言ってしまえばそれまでなんですが、そう自分が思えたなら、もう絶対後悔しません。いったん肚《はら》を決めてしまえば、なんで使ったんだと聞かれても、しっかり説明できます。

あとは任せるだけです。

評論家時代に、星野監督から「選手は信頼しろ。だが信用するな」というアドバイスをもらったことがあります。その時はピンとこなかったのですが、いざ監督になってみると、その言葉の重みがよくわかるようになりました。

絶対なんとかしてくれるはずだと信じ込みすぎても、万が一、結果が出なかった時には、ガックリきてしまいます。監督が、失敗した選手といちいち一緒になって落ち込んでいたりしたら、ゲームになりません。

ですので、「俺は誰と失敗すれば悔いを残さないか」という最初の思考に戻るわけです。実際、私はその選手に力があると思って起用するわけですから、「これでいい、これでいくぞ」と肚をくくって、あとは結果を待つだけです。

結果を求める発言ばかりしてはいけない

監督の仕事というのは、いかに選手のモチベーションを上げて舞台に立たせることができるかです。それができれば、仕事は終わったと言ってもいいくらいです。

　では、どのようにすれば選手のモチベーションは高まるのでしょうか。

　勝負においていちばん大事なのは、いかに勇気を持てた状態で戦いに臨むことができるかです。そのためには、選手の迷いを取り除いてやり、決断力に満ちた状態にしてやれるかが鍵になってきます。

　ですので、まず私は、その選手がどんなことで迷っているのかを知ろうとします。迷いの根っこを探っていくのです。

　例えば、若手の選手をピンチヒッターに出した時、ちょっと来いよと呼び寄せることがあります。意気込みとプレッシャーでガチガチだからです。そこでこんな言葉をかけます。

「バッティングの難しさは俺は知っているよ。簡単に打てるなんて思ってないからな」

　まぎれもない本心です。しかし今日、その選手を起用したのはこの私なのです。ですから自分が持っている力を出しさえすれば、結果は必ずついてくる、心配するな。そう信じ込ませるのです。

　またある時、こんなこともありました。レギュラーの選手がエラーをして負けて、とんでもなくチームの足を引っ張りました。その次の日、その選手を見ると、気の毒なくらい落ち込んでいます。そこでミーティングで声をかけました。

「おい、つらいだろう。でも俺たちはチームだから、お前の痛みはみんなわかってるぞ。だからお前だけが痛みを感じる必要はないんだ」

しかしこれ以上手助けできないのも事実です。自分の失敗を取り返せるのは自分だけだぞと言い聞かせ、あとは彼が頑張れる舞台を用意してやるだけです。

選手に、必要以上に結果を求めたり、落ち込んでいる選手をさらに萎縮《いしゅく》させるような発言は、裏をかえせば指揮官の自信のなさの表れです。選手の決断力を鈍らせるようなマネをしても、何ひとついいことはありません。

「ようし、やるぞ！」と思わせてグラウンドに送り出す

私は試合前に、必ず全員が揃《そろ》ったところでスターティングメンバーを発表しました。基本的には吉村コーチが発表するんですが、負けた次の日は、私が発表したりもしました。

選手たちはすでにフリー打撃の順番など、練習内容で自分の出番がどうなるであろうか、だいたいのところは知っています。その場ではじめて知るようなことはほとんどありません。

しかし敢《あ》えて、全員の前で発表しました。私にとっては儀式みたいなものでした。これはどういうことかというと、ジャイアンツのスターティングメンバーの重みを、選手たちにわか

ってほしいからです。

プロ野球の球団の中でいえば十二分の一ですが、ジャイアンツというチームは偉大なチームなんだ、そのチームでプレーしていて、さらにスターティングメンバーに選ばれたんだということを、特に若い選手などには認識して自信を持ってもらうわけです。

別に給料が高いとか、実績があるということではなく、その時のジャイアンツのベストオーダーがスターティングメンバーなんだということを強調して、臆《おく》することなく堂々と戦ってこいと言います。何も特別なプレーをしろとは言いません。背伸びせず、持っている力を出していけばいいのです。

「ようし、やってやるぜ」と思ってくれたらしめたものです。若い選手の中には、大観衆の前に出るとその雰囲気に呑《の》まれてしまい、自分の実力を出しきれない者もいます。「自分はできるんだ」と思ってもらうためにも、全員揃ったところでスターティングメンバーを発表するのは有効です。

私は、試合のことを「舞台」と表現するのが好きです。あれだけのお客さまの前で、今まで練習してきたものを披露できる場所なのですから。私自身、ずっとそう思ってやってきました。

「試合は大きな舞台なんだ、そこで胸をはって自分を演じてこい」そう言って若い選手を送り出してやります。

実力以上の舞台を用意してやる

若手の選手を起用する時、本人の実力以上の舞台を用意してあげることもあります。チャンスを与えてステップアップさせるためです。

「やってみろ」とチャンスを与えて、うまくいったら、またすぐに使います。そういう役割を果たせる選手が、もう一枚加わることはたいへんに大きいですから。

冷酷な言い方をすれば、私は選手を格付けしています。レギュラーと控えの選手。さらに控えの選手でも何通りかの格付けがあります。だから起用に関しては一切迷わないのです。格付けが上の選手を重要視して使っていけばいいのですから。

そういう確固とした方針を持っていると、不平不満を持った選手がやってきたとしても、なぜ使わないのかという理由を、シーズン中でも、シーズンが終わってからでも説明してあげられます。

時には、格付けが逆転する場合もあります。「これは違う、今はあいつが上だな」「完全に入れ替わったな」という具合に、いつも自問自答してますね。選手も使われ方によって「ああ自分はすこし上になってきたかなあ」とわかるのではないでしょうか。

ですから、控えの選手は回ってきたチャンスを利用して、レギュラーのポジションを獲得すべきなのです。チャンスは絶対やってくると信じて必死になって頑張っている選手に、ある時ぽんと実力以上の舞台を作ってあげる。もちろん、チャンスを与える選手は、それまで自分の役割をきちんとこなしてきた選手です。結果が出たら、これほど自信をつけることはありません。

レギュラーの選手には競争させるべきではない

プロ野球というのは基本的に「競わせる」世界ではないと思っています。なんと言っても選ばれた人間が集まって構成される世界です。そういった彼らに無用な競争を強《し》いるというのは、極めてレベルの低い指導法ではないでしょうか。

なぜこのようなことを言うのかというと、矛盾するかもしれませんが、プロ野球の世界は、原理原則として厳しい競争の世界だからです。弱肉強食だということは、この世界に身をおいている者ならば、誰しもわかっていることです。わかりすぎるほど、わかっていることです。

だから、わざわざレギュラークラスの連中に「さあ新たな年が明けました。今はみんな横一線です、競争ですよ、レギュラーとってください」などと言う必要などないのです。それよりもむしろ、「今年のレギュラーはお前だ、さあしっかりやってくれよ」と言ったほうが、言われた選手もはるかに強いプレッシャーがかかります。そのような環境からこそ、本当に強い者が出てくるのだと思います。

プロ野球にはレギュラーの枠があります。そしてそのレギュラーには果たさなければならない役割、責任があるわけです。それができない人間は当然、食われていくだけなのです。ただそれだけの非常にわかりやすい掟《おきて》があるのです。

なのでレギュラーを勝ち取った選手というのは、優遇されてしかるべきというのが私の考えです。ちょっと調子が悪いからといって簡単に代えるようなことはしません。

どんなに調子が悪くても、野手なら最低十試合、投手なら四試合は黙って使おうと思っています。しかしそこで結果が出なければ、チームの和を乱すことにつながりますので、外れてもらうしかないのです。

そういうわけでよく、監督は先発ピッチャーに対して我慢強いですね、などと言われますが、私は自分が我慢強いとは全然思っていません。

私は全員の前で、俺は先発ピッチャーが打ち込まれた試合を勝とうなんて気持ちはさらさらないからな、だから簡単にはお前らを引っ込めないよと言います。それが私のスタンスです。

ただし四試合ぐらいの中で結果を出せないとなると、やはり代えなくてはいけないわけです。それは、船を目的地に到着させる役目を負った人間の仕事です。厳しいかもしれませんが、それがチームなのです。

しつこいですが、大前提として、厳しい競争社会で成り立っている世界です。いちいちレギュラーの選手を競わせて、余計なプレッシャーを与えるのはレベルの低い考え方だと思います。力のあるレギュラー選手が、思いきって力を発揮できる環境を作るためにも、あからさまにレギュラー選手を競争の場に放り出すべきではありません。

実力至上主義がチームの和を維持する

試合には、単純に技術だけで勝てる場合もあります。しかし決して長続きはしません。なぜなら野球は組織戦だからです。ですから、「団結力」というのが長いペナントレースを戦ううえで非常に重要になってきます。

単に技術だけに頼った野球は、打たれちゃった、打てなかった、技術がなかった、だから負けましたとなってしまいます。それは、私が目指す野球ではありませんでした。選手とコーチと監督が一丸となって、優勝を目指して戦う。そういう野球を追求したいと思っていたのです。

それには、チームの和というものが重要になってきます。スポーツでも会社でも、組織には和が大事だと、よく言われます。私も小学生の時から「チームワークだ」「チームの和を大切にして戦おう」などと言われてきました。

しかしこの言葉、実にわかりにくいです。いったいチームの和とはなんなのか。監督になって、もう一度考える必要がありました。

そして、出てきた結論が団結力なのです。そのためには、「実力至上主義」を貫くことが必要でした。これを自分がやりさえすれば、チームの和は必ず保てる自信がありました。

選手を信頼して起用するのは、もちろん大事です。ある程度は我慢もするし、期待もしているから起用し続けます。しかし、それでも誰が見ても仕方ないだろうという状況になってしまえば、補欠になってもらうしかありません。

それは若手もベテランも関係ないのです。その時点で力が上の選手を使うだけです。これを選手の前ではっきりと言いました。

それともうひとつ、実力を比べた時に五分五分となった場合には、私は若い選手を使うということも言いました。きちっとした「実力至上主義」を貫けば、選手の不平不満もある程度は抑えられます。それがチームの「和」を維持することにつながってくるのです。

三つの目線をうまく使い分けるのが、選手を動かす鍵

選手に接する時、気をつけているのは目線です。私は選手を下から見たり、上から見たり、正面から見たりします。いわば三つの目線を、時と場合によって使い分けるのが大切だと思っています。

下から見るというのは、尊敬の念を持って見つめるということです。「いやあ、お前ってすごいな、俺にはできないよ」とか、私はけっこう言います。

それから「お前どうする？　どうしたいんだ？」と選手に問いかけることもあります。その時、私は服従の気持ちでいるんです。

私が迷っている場合というのもあります。わからない、迷ってる、でもなんとかしなくちゃならない時、答えを見つけるために相手に問いかけるのです。そして相手が「僕はAでいきます」と言ったら、私もAでいく。

これで彼らのモチベーションが上がってくれるなら、私にとっても成功なわけです。「ようし、それでいけ」みたいなことを言って、相手のモチベーションを高める、そういう場面もあります。

私はどんな選手に対しても、自然に接する自信があります。それは努めてそうしているというよりは、性格なんだと思います。総理大臣でも、近所の知り合いでも、相手によって自分の態度が大きく変わることはありません。

だから、実績のない選手であっても、思わぬところで尊敬できるところを発見できて感心することがあります。逆に、そういうところを見てあげないといけないとも思います。

人と接していていちばん嬉しいのは、自分よりも勝っているところを相手の中に見つけた時です。そういう時は、「ああ生きててよかった」と思います。

正面の目線で見るというのは、対等に話すことです。選手が自分の意思を持っている時には「ああしろこうしろ」とは、いちいち言いません。対等な気持ちで相手に接します。対等な気持ちで接する時には、お互いがプラスになるような新しい発見が生まれてくることがあります。

そこには相手が何億円ともらっている選手だろうが、何千本何百本と打ってる選手だろうが、一軍経験のない選手だろうが、新人だろうが関係ありません。

上の目線から見るというのは、やはり経験の差というか先生と生徒の関係で技術を伝授するときに必要になることがあります。時には頭を押えつけてでも、こちらの言うことを聞かせないといけなかったり、選手が人間として間違った方向へ進んでいる時、その方向を正してやるために使います。

これら三つの目線をうまく使うというのが、すごく大事なことだと思います。

教えることはワンパターンであってはいけない

選手に技術を伝える時、教えることの難しさを実感することがあります。いちばん大切なのは、何といっても基本です。ただし、そこに選手の長所、短所、特性がからみ合ってくる。そのために、時には基本や理論を無視しなくてはいけないこともあるのです。

無視というよりも、ひとつのものを取り外して、ひとつのものを取り入れるといったようなことでしょうか。そこがすごく難しいのです。要するに個性に合う教え方をしなくてはいけません。その選手を本当に理解した状態で、技術を伝えるということです。

私たちの選手時代と違って、感覚で教えるということはできないのです。今の選手は、すごく研究熱心だし、練習もよくします。だから「スー、トン、パンのタイミングで打つんだ」みたいな教え方を嫌います。

したがって、教える時もきちんと一、二、三、四、五という形で教えてあげないといけない。ただし、ここからが重要なのですが、選手によっては「こいつ、二は必要ないな」と判断できる時もあるのです。これは非常に迷います。

二を入れてしまうことによって、逆に三、四がなくなるケースがあるわけです。それが選手の個性であり、特徴であり、欠点でもあるわけですが、技術を伝える時は、そこを見極めないといけません。

つまり、教えるということはワンパターンであってはいけないのです。選手一人ひとりに合った指導法を模索していく。自分が言ったことがどうして選手に伝わらないのだろう。自分が教えたことがどうしてできないのだろう。

そのように自問自答を繰り返しながら、選手と自分の間にある「溝《みぞ》」を埋めていく。それが教えることの楽しさです。

いちばんいけないのは、自分のノウハウを押しつけることです。会社の上司にもいるそうですが、「俺がお前くらいの若い頃はこうだった」と持論を一方的に展開しても、人は素直に聞こうとはしません。

ひとつ確かなのは、基本を理解していないとしっかりとした技術は生まれてこないということです。それだけは理解してほしいと思っています。「基本はこうだよ、ただしお前がそこから肉づけをして、自分で作っていくというならそれは構わないよ」と、そういう話はよくします。

長所を伸ばすのか、短所を直すのか

長所を伸ばせばいいのか、それとも短所を直せばいいのかという問題ですが、技術においては、これはやはり、その選手を見極めたうえで判断します。

プレースタイルを見て、欠点を直したほうがいい方向にいくだろうなと思えばそうしますし、逆に長所を伸ばしてあげたら欠点もカバーされていくだろうなという判断があればそうします。そのへんはいつも迷うところで、一概に言えることではありません。

カウンセリングの言葉で「肥料はできるだけ遠くにまいたほうがいい」というのがあるそうです。選手にヒントを与えて、選手自身が自分で答えを導き出していくやり方です。長所を伸ばすにしても、短所を直すにしても、そういうやり方が理想だと思います。ただし、私の中でまだ我慢できない部分があって、二、三日くらいで答えを与えてしまうという未熟さがあります。

相手に気づかせるというのは、こちらがものすごく我慢しなければならない。時間もかかるし、ある種の労力もかかる。いろんなものが必要になってきます。しかし自立することを考えた時、そのほうが、つかむものはずっと大きいと思います。教えないことも教えるうちなのです。

一方、性格的な部分で言えば、ほめることが大事です。長所をクローズアップしてあげて、「しかしなあ……」と言いながら、欠点も直したほうがいいだろうという部分に話を持っていく。

言い方として、いきなりマイナス部分から入るのはよくないです。プロ野球選手は子供じゃないし、みんながだいたいお山の大将でこの世界に入ってきていますから、そういうプラスから入る伝え方のほうが相手にも伝わりやすいようです。

注意されて反省するのは、子供のすること

私はむやみに選手を怒ったりはしません。できるだけ選手本人に気づいてほしいと思っているからです。怒られて反省するのは、子供のすることです。

要するに、相手のミスにつけこんでガーガーと怒鳴り、それで相手の反省を促すというのは、大人と子供の関係にすぎません。それは、あまりに幼稚ではないでしょうか。

言われなくても反省するのが大人なのです。私の顔を見て、はっと気づき、自分で切り替えてニコッと笑って反省する。ジャイアンツの選手とはそのようなつき合いをしていきたいと思っています。

そうやって選手を見ていると、すごく面白いです。全然気づかない選手というのもいますから。彼にすれば「ああ言われなくてよかった」ぐらいにしか思っていません。そういう選手には、「こいつわかってねえ」と思います。ですから、その場合はしっかり怒ります。

選手にもプライドがあるから、怒る時は一対一の状況を選びます。特にベテランのことは考えます。若い選手が見ているところで、ベテランの選手を怒ったのでは、彼らも顔が立た

なくなってしまうでしょう。

亡くなられた池田高校の蔦《つた》監督は、生徒を怒る時には、絶対に女の子が見ていないところを選んだそうです。女の子が見ていると、どうしても素直にきけず反抗的になってしまう。怒られた内容を反省するよりも、自分の顔を潰《つぶ》された恨みは恐ろしく、ずっと忘れないのに、ある時気づいたからです。面白いのは、逆にほめる時は、女の子が見ている前で、大声でほめてやるそうです。

いずれにしても、相手をさらしものにするのは、本人にとっても、それを聞いている周りの選手にしても気持ちがいいものではないと思います。

怒る時は、全身全霊で怒る

怒る時、選手の性格を見極めたうえで言葉を選ぼうとも思いますが、究極の部分では自分の思いだけです。「俺はこう思ってる」と必死に相手に伝えようとします。

しかし、時にモチベーションを下げてしまったり、萎縮させてしまったりということがあり得ますから難しいものです。三年間のコーチ経験を通して導いた結論は、中途半端には叱らないということでしょうか。

中途半端は、あとで自分もグズグズ考えてしまい、胃が痛くなってしまう。ですから怒る時には一生懸命、全身全霊で怒ります。そのぶん非常に気をつかいます。憎くてやってるという怒り方じゃダメなわけですから。

全身全霊で怒るやり方だと断然効果があります。次に同じような出来事が起こったとしても「あうん」の呼吸で伝わります。私が睨《にら》んだだけでも伝わります。それがコミュニケーションというものではないでしょうか。

コミュニケーションは、今すぐ生きる、効果があるというものではないのです。でも後々生きてくる場合がある。それは一カ月、二カ月、もしくは一年後かもしれませんが、必ず明確な形で生きてくる。そう信じて選手とつき合っています。

手を上げられるのは、相当に深い関係があってこそ

全身全霊で怒るわけですから、大声が出たりするのは当然です。時には思わず手が出てしまうことも、一年に何回かあります。ただし首から上には手を出しません。選手も大人です

から、それは失礼です。

これは思いの伝え方において最上級のものです。決して憎くてやっているわけではないのですから、自分の中では暴力とは違って、愛のムチだと思っています。叩いている私だって同じくらい痛いのです。

私が、父親が監督をしている東海大相模の野球部に入部しようとした時、他の子が一回叩かれるんだったら、自分は三回叩かれると思いなさいと言われました。実際は五回も六回も叩かれましたが、自分の中で、はっきりと理由がわかっている体罰は、その時は恨みもしますが、結果的には受け入れることができます。

高校の同級生や先輩からは、「タツは息子なのにかわいそうだな」と思われました。父もそれが狙《ねら》いでした。「息子だからかわいがられてる」と思われてはダメなのです。事実、人よりも多く叩かれたぶん、私もチームにすんなりととけ込めました。いわば愛のムチだったのです。

大人と大人の関係ですから、手を上げるような間柄というのは相当深いのです。半端な愛情や、半端な理解では到底できることではないと思っています。

選手たちには「体・技・心」だと言う理由

「心・技・体」という言葉があります。しかし私が選手たちに伝える場合、「体・技・心」だと言います。

究極の部分では「心・技・体」だと思っていますが、そうとは言えないのです。というのも、「心」の部分を最初に持ってくると、力のない選手の逃げ道になってしまうからです。「俺は精神的に弱いから勝てないんだ」そういう言い訳をつくることは、勝負の世界では意外と簡単なことで、しかも癖になりやすいのです。私はそれを許しません。

だから、究極では「心・技・体」だと思うけれど、敢えて選手たちには「体・技・心」だと言うのです。まずは頑健な身体を持つことだ、そして技術を会得しなさい、そうすることによって心というものは必ず強く出来上がってくると。そうやって追い込んでいきます。

結果が出ないのは気が弱いからだ、心の部分が弱いからいい成績が残せないなんて、そんなことを言っていたら、この世界では生き残れるはずがありません。

失敗した投手は、翌日またマウンドに上げる

逃げ道をなくすという話でもう少し言えば、シーズン中、逃げようとする選手には、ことごとくその逃げ道をシャットアウトするようにしてきました。失敗した選手、とくに打たれたピッチャーなどは次の試合にすぐ使いました。

プロ野球の世界は弱肉強食で、強い者が生き残っていきます。逆に言えば、弱い者は去っていかないといけない世界なのです。ですから、いつもギリギリのところでやっていかなくてはいけない。負け犬根性を持ってしまうことが、いちばんマズいのです。

私は力があると思ってその選手を送り出しているわけです。そこで結果を出せなかった場合、四、五日あけてマウンドに上げても、失敗した時と同じ心理状態のままです。だったら早めに出して気持ちを切り替えさせたほうがベターだと考えました。

だから次の日にぽんと出します。それで悪かったら、力がなかったということです。もう一度調整をし直せばいいのです。そういうのがすごく大事なことだと思います。

集めたデータを、どのように活用するか

「孫子の兵法」に、「敵を知り、己《おのれ》を知れば、百戦危うからず」とあります。やはり敵を知り、自分を知ることは非常に大事なことです。

今はスコアラー全盛時代で、データを専門に集めるのを仕事にする人々がいます。彼らは、相手チームの誰が調子がいいとか、作戦にこういう傾向が見られるとか、いろいろな情報を実に細かく報告してくれます。

しかし、そのことを選手に伝える場合には、非常に気をつけています。スコアラーには、私に対してはすべてを伝えてくれとお願いします。しかし選手に伝える場合には、いったん私のところで「加工」して、簡素化して伝えることがいちばん大事だと思っています。

中にはこと細かく、一から十まで聞きたいというタイプの選手もいますが、全員が全員おなじやり方をして、頭でっかちになってしまうと、プレーにも支障をきたします。

ひとつには、相手を過大評価してしまう恐れがあるからです。もちろんデータの中には長所や欠点が含まれるわけですが、あまりにも長所を強調してしまうのは、やはり賛成できま

せん。

例えば、昨年の前半戦、うちのチームが打ち崩すのが困難な速球投手がいました。スコアラーが持ってきてくれたデータを見ると、ボール球に手を出して打ち取られているのがはっきり出ていました。

それくらいその投手の球は、見極めるのが難しいのです。しかし選手たちには、そんなことはひとことも言いません。「ボール球に手を出すな」というアドバイスは相手を過大評価させ、かえって意識させるだけでアドバイスとは言えません。

そこで出した指示は次のようなものでした。「全部打ち気でいけ、ただしツーストライクまではチームにくれ。バッティングはツーストライク以降だ」と。これは極端な例です。

しかしこれが功を奏して、二―三とか、一―三からフォアボールというケースが多くなりだして、結果的にその投手を攻略することができたのです。

この作戦は、弱気とはちょっと違います。ひとつのデータに基づいて対策を練るということは、やはり勇気が要《い》ります。ツーストライクをとられたらバッターが不利になるのは当たり前です。しかしそこで絶対、この作戦をとることによって何かいいものが生まれてくると選手たちに信じてもらうことが大切です。

強敵を知りすぎて、こちらが萎縮しては倒すことは困難になります。もっとわかりやすく言えば、「打てないからツーストライクになるまで手を出すな」というのではなく、「点を取るため、勝つために勇気を持ってツーストライクまでは打たないでいこう」ということです。そのほうが萎縮せず、闘争心を持って戦っていけるのではないでしょうか。

ですから、「敵を知る」ことはすごく重要なことだと思いますが、選手たちの頭を情報でいっぱいにするのは必ずしもプラスになるとは思えません。データがあれもある、これもある、というような伝え方は、指揮官の怠慢以外のなにものでもありません。

勝負は、相手のことを考えたほうが負ける

「己を知る」ということも大切です。やはり試合に出るためには、自分の長所や欠点、特性を見極めたうえで、自分の存在意義をつくっていくというのが重要です。

なぜならばプロ野球というのは平均七十点、八十点の選手よりも、ひとつのことに百点の選手のほうがはるかに強いからです。すなわち、いかにして自分の百点をつくるかということは、まず自分を知るということから始まるわけです。

ですから、プロ選手というのは自分の特性をわかっていないとダメです。今、自分のいる

チームは何を必要としているんだろう。そう考えていくと、ああこれだったら自分に可能性があるなとわかってくるはずなのです。

それともうひとつ、「自分たちを知る」ということも大事です。つまり「われわれの野球をやる」ということです。自分たちのスタイルや、勝ちパターンを知っているチームというのは非常に強いです。

なぜなら勝負というのは、最終的に相手のことを考えたほうが不利になるからです。最後まで自分たちの戦略、戦い方を貫いたほうに勝運はやってくるのです。

戦う前は考えてもいいのです。ヤクルトはあの場面では、過去にこんなトリックプレーを使ってきたぞとか、あの選手は隙《すき》を見せたら隠し球をするぞとか、冷静な判断の中で相手を分析すればいいのです。

事前にわかっていれば、いちいち考えなくてもトリックプレーにも隠し球にもひっかからないようになります。それで、いったん勝負が始まったら、勝負だけに集中すればいいのです。

力が五分五分になった時など特にそうですが、相手は何をしてくるんだろうとか考え出したほうが自滅していくのです。

選手の潜在能力も見極めなくてはいけない

選手が自分の特性が何かを自問自答する一方で、指揮官もその選手個人の特性を見極めていかなければなりません。それも指揮官の大事な仕事のひとつです。

長嶋監督の下で三年間、コーチとして働いたことが役に立っていますが、どの選手にどれくらいの能力があって、またさらに、どういった潜在能力があるか、そういうことは絶えず考えています。

昨年活躍したルーキーに真田がいます。彼は特徴を言葉にしにくい投手でした。投げ方にしても、まあ無難な投げ方です。身体も大きいわけでもなく小さいわけでもない。球も速いわけでもないし、遅いわけでもない。

コントロールにしてもとりたててよいわけでもないし、かといって悪くもない。特徴的に非常に難しい。ただし持っている「強さ」のようなものは感じていました。

それで、よく見ているうちにわかったのです。彼は打者やゲームの流れを見て投げられる投手なんです。普通、高卒ルーキーは、捕手のミットしか見ない。でも真田にはそれ以外のものも見えているんです。

彼は非常に実戦派の投手だと思います。昨年、日本シリーズを見すえて広島戦でリリーフで登板させた時も、一イニングだけですが、すごく球が速かったのです。先発の時は、一四一キロとか一四二キロぐらいの真っすぐが、リリーフの時は一四五キロ出していました。

私はあれを見た時、「こいつただもんじゃねえ」と思いました。先発とリリーフというふうに、状況が違うときちんとペース配分を考えてマウンドに上がっているんです。

もうひとつ、潜在能力ということで言うと、私が選手を見るポイントに「順応性」というのがあります。プロ野球の選手は、いかに高度な技術を身につけるかが重要ですが、その技術を発揮するためにも、プロ野球の世界にいかに順応できるかも大切です。

一流と言われている選手はみな、しかるべき時間を経て、みんな新しい環境に順応していきます。例えば、松井にしても高校で活躍していたからといって、プロのレベルとは全然違ったわけです。

しかし少し時がたてば、立派に順応していました。彼は今年からメジャーに挑戦しますが、しかるべき時がたてばメジャーにも立派に順応していくでしょう。

新しい環境に自分を押し込んで、順応していくことがプロの選手には求められます。だからかたくなに「高校の時は」「大学の時は」というようなことを言っているようでは話になりません。自分が働くことになった世界の全体像を鋭く察知して、自分に足りないものを理解して、その差を埋めていける能力があるかないかは非常に大切です。

これはコンバートなどで、守備位置や打順が変わった場合にも同じことが言えます。どういう環境であっても、順応していく。スーパースターになる選手は、そうした中で徐々に上を目指すわけです。

選手一人ひとりと話して、それぞれの責任を確認する

キャンプに入ると、選手一人ひとりと、「お前の責任はこうだ、仕事はこうだ、義務はこうだ、それに対して、こうやってくれ」というような話をします。しかしあえて部屋に呼んだりはしません。部屋に呼ぶ時は、相当なことを話す時です。

選手と話すのは練習中です。短くて一分、長くても五分もあれば充分ではないでしょうか。私はいつも言うことを決めてあるから、短いんです。呼びだしてグチグチああだろこうだろと、相手にストレスをためるようなことはしません。そんな暇もないですから。

昨年のオープン戦の時に、清原、由伸（高橋）、松井を呼んで言ったんです。「オープン戦

は、ノーサイン。ノースリー、すべて打っていい。すべて三人に任せる、ただ一応サインだけは見ろ、それがチームの約束」本当にそれだけですよ。私がピッチャーに対して言うのも、「お前は先発」、それだけです。

ただそれだけのことですが、言われた選手には、自分の責任を果たすために何をしなくてはいけないかわかるはずです。指示やアドバイスは、簡単でわかりやすくなくてはいけないと思います。

全員がレギュラーをとるために野球をやっているはずです。投手でも最初からリリーフになりたいと言って入ってくる奴はたいした奴じゃないと思っています。ですから、控えに回ることになった選手には「レギュラーをとれ」これだけしか言いません。

ただし、短期的な意味で役割というのはあります。鈴木尚広という足が速い選手がいますが、彼の役割と責任は、現時点では「足」なわけです。

野手の場合は、ベンチに入るのが、十五から十六名ですが、なぜ自分が選ばれたのか、わからないと失格です。だから「お前の役割はこうだぞ」というようなことは言いませんが、「どうしてお前の役割を果たすための準備ができてないんだ」と言うことはあります。

雪で井戸を埋めることの愚かさ

選手には常々、正しい努力をしようじゃないかという話をします。

ある本を読んで知った話ですが、雪が降っていてそこに井戸がある。先生に「おいそこの井戸埋めとけ」と言われた。一生懸命、その人間はスコップで雪を入れて井戸を埋めた。やっと井戸がいっぱいになったところで「先生、埋めることができました！」と報告すると、先生が「そうかご苦労さん、重かったろう、つらかったろう、でも春になったら溶けてるぞ」。

選手には、こういう努力はやめようなと話しました。雪を入れること自体は努力です、でも正しい努力ではない。雪ではなく、土を入れないとダメなんです。

ですから選手を見ていて、雪を入れているような、こちらが疑問を持つような練習をしている場合、「何のために練習している」と尋ねることがあります。それで例えば、「インサイドを打つのが苦手だから、そのための練習です」という答えが返ってきたなら、それなら私だったらこうするけどという提案の形をとって修正していきます。

私も今から現役時代を振り返れば、遠回りをしたなあと思うことがあります。役に立った遠回りもあれば、防ぐことができたムダな遠回りもありました。しかし問題は、その時は遠回りだとは全然思っていないことです。

正しい努力だと思ってやっているから、努力なのです。それもまた道だとは思いますが、むなしすぎる遠回りはできるだけ避けたいものです。

では、どのようにしたら、雪ではなく土を入れることができるのか。つまり「正しい努力」ができるのかということですが、やはり理論をしっかり勉強しなくてはいけないのです。「理」というものがわかった立場で見直していくと、いち早く間違いに気づくことができます。私たちは野球で生計を立てているわけですから、そういう意味でも野球博士になる必要があるのです。

まず自分の目標があって、そこに到達するためには何が足りないかを見極める。そして、それを補うためにはどのようなトレーニングが必要なのか。そういう問いかけが、絶えず必要になってきます。

なぜうまくいかないんだろう。うまくいくためには何が必要なのか。そういう疑問をいつも自分に投げかけていないと、雪で井戸を埋めてしまう可能性は出てくると思います。

桑田復活の舞台裏

選手を見切るうえでは大舞台の上で殺してやることが大事です。生殺しの状態が、いちばんよくないと思っています。

桑田は、素質とか、才能といった意味で、私の中においては最上級、超天才に値する野球選手です。その選手が、ここ二、三年、演ずる舞台を与えられなかった。舞台に上がることすらできなかったというのが私の中にはありました。

ですから自分が監督という立場になった時には、必ず彼の舞台を用意してやろうと思っていたのです。

キャンプの前日に、彼を呼んで話をしました。「明日からキャンプが始まる。紅白戦、オープン戦、開幕までにいろいろなことがあるけれど、俺にとってはそこでのピッチングがよかったとか悪かったとかいうことは関係ないから。お前がギブアップさえしなければ、必ず先発ピッチャーとして、開幕からスターティングメンバーとして起用する」と伝えました。

「ただし、先発ピッチャー以外に俺はお前を使うつもりはさらさらない」と。

それは裏をかえせば、そこでダメだったら二軍落ちもあるぞという意味合いも含まれています。そんなことは、言葉にしなくても桑田にはわかっていたでしょう。少なくとも三試合、桑田がピッチングできる舞台と役割を提供するという約束をしました。

それを桑田は、昨シーズン自分で勝ち取ったんです。日本シリーズの二戦目のピッチャーというのは、私の戦略の中ではとても重要なものでした。そこで桑田は、自分の役割を全《まっと》うしてくれた。期待はしてましたけれど、期待以上でした。これが桑田に対する私の評価です。

きちっとした技術的な裏づけもありました。春のキャンプで、鹿取ヘッドコーチから伝授されたチェンジアップを完全にマスターしたのです。ボールの握り方を変えたチェンジアップは、それまでよりも効果的にボールが落ちるようになり、苦しい場面をしばしば救ってくれました。

桑田はこの一、二年、野球を辞めるとずっと言ってました。それでちょうど私が監督になるというところから再スタートしたわけです。彼はしっかりとその勝負を、近道ではなかったけれど、「待ったなし」のところで勝ち取ったわけです。

プロ野球というのは非常に厳しい世界です。ですから桑田くらいの選手になると、誰に言われなくても自分で自分の引き際ぐらいわかっているんです。しかし彼は、まぎれもなくジャイアンツの功労者なわけですから、しっかりとした舞台を用意してあげなくてはいけないのです。

外からの声に負けてはいけない

私は四十三歳で監督になりました。まあ言ってみれば青年監督です。キャンプに入ってオープン戦が始まった頃は、多くの人が、握り拳《こぶし》を私の頭のほうにふりかざしているような気がしました。

メディアにしても、評論家にしても、九割方がみんなふりかざしているように思えた。そういうものをひしひしと感じていました。この人もこの人も、えっ、こいつもそう思ってるのか、みたいな感じです。ですから逆に「ようし、見とけ」というのはありました。

河原を抑えに使った時も同じです。キャンプの第三クールのはじめくらいに、「お前はクローザー、うちのストッパーだ。勝ちゲーム、九回一イニング限定で任せる」と言いました。「これからオープン戦だけど、結果は関係ない。どんなに結果が出なくても、間違いなくお前をストッパーとして俺は使う」と。

そういうことを河原に伝えて、新聞に発表すると、九割方は「河原ねえ、何を考えてるんだろうねえ」みたいな批判の嵐です。

こっちもそうだなあ、確かにそういう見方もあるかなあとは思いましたが、なぜやる前から「ダメだ」なんて烙印《らくいん》を押すのかとも思いました。

いくら監督やコーチが手助けしても、プロ野球選手には立ち入ることのできない部分があります。最終的には自分で超えなくてはいけないハードルというやつです。私は、技術面、精神面含めて、総合的な部分で必ず河原はできると思っていました。また河原のハングリー精神にも賭けてみたいとも思っていました。

ですから計算ずくではありませんでしたが、河原ならやってくれるという直感がありました。裏をかえせば、河原と失敗すれば全然悔いが残らないということです。

河原は昨年のペナントレース前半戦から、すごい活躍をしてくれました。それは自分にはとても嬉しかったです。もちろん、まったく違う畑から重要なポジションに持ってくるわけですから度胸はいりましたが、外の声に負けず、選手や自分を信じてよかったと思います。

外の声というのは、風邪のウイルスと同じで、自分の体力が落ちて元気がなかったりすると感染しやすくなります。だからいつも免疫力を高める努力が必要です。「大丈夫だ、できる、自分は間違っていない」という内の声を育てていかないといけないのです。

サインは選手が困っている時に出す

私は、選手が困ってるなと感じたらサインを出すようにしています。逆にこれは必要ないなと思ったら選手に任せます。基本的にはそういうやり方をとっています。

野球というのは、最終的には点取りゲームです。一回でも多くホームを踏むことができれば勝ちですから、それに対しての最善策というものからまず入ります。ただ、選手が困ってるなと思えば、よしこっちに任せろとなります。

選手主導型というのは、極端な話、あなたに任せますということです。ランナーがノーアウト一塁、バッターは自分の判断で送りバント、次のバッターにつなぐ。それは選手主導型です。サインは一切出ていません。

ベンチ主導型というのは、例えばスクイズとか、エンドランのようなリスクを伴うものです。それに対してピッチャーがピッチドアウトしてきて、空振りしてしまった時、それはベンチの責任であって選手は悪くありません。

ですから私も、それに対して「なんで転がせなかったんだ」「なんで空振りしたんだ」と責めたりしません。サインを出したほうが悪いからです。

だから時に、選手というのはベンチ主導型の野球をしてあげると、責任を感じなくてすむから非常にラクになります。

選手主導型のチームというのは監督は非常にラクです。「あの時ねえ、あの一本が出なかったから、負けましたよ」と言える。でもそれは責任転嫁です。私はそういう野球はやらない。ですから選手が困っているなと思ったなら、五球のうちに全部サインが変わることだってあります。

どうすればチームを勢いに乗せることができるか

ムードメーカーの存在というのは、組織の中ではとても重要なものだと思います。ただ勝負においていちばん強いのは「勢い」なのです。

昨年の日本シリーズのように、勢いのついたチームは止めることができないくらいのパワーを発揮します。

しかし、ではその勢いのつけ方はと問われると、私にはわかりません。それが時にムードメーカーの存在であったり、相手チームに飛ばすヤジだったり、当然起死回生のホームランだったり、いろいろなものがチームの勢いにつながるのではないでしょうか。

ともかく勝負をやるうえにおいては、「もがくこと」がいちばん大事なのです。要するに、できるだけのことを必死にやる。

もがく中から勢いが生まれるということは絶対あります。自然のまま、ただ単になれあい的に流されているようでは、勢いはつかない。そういう時には、試合に出ていないムードメーカーでも、起死回生のホームランと同様の効果をもたらすことがあるものです。

清原に対してムードメーカーという言い方をしてはいけないんでしょうが、シーズン中、松井がホームランを打った時に「さすが四番や」とベンチで言ったんです。自分も四番を打ってきた清原がです。それを聞いた時、ナインがわあっと盛り上がっていました。

だからムードメーカーは勢いをつけるひとつの方法、要素であることは間違いありません。また、もがいていく中で劣勢の試合を引っ繰り返せば、勢いはつきます。勢いをつけるためにこれをやればいいんだというような定石《じょうせき》はありませんし、つけようと思ってつけられるものではありません。しかし、勢いをつけるための準備は、もがき続けることでできると思います。もがいて、できるだけのことをやるというのがすごく大事なんです。

第二章　敗北から何を学ぶか

リーダーは先回りして組織の進路を考える

この章では、チームの責任者として、何をしなくてはいけないのか、というお話をしていきます。

監督という立場になって、まず自分の意思をしっかり持つことが大事だと思いました。コーチから監督になっていちばん驚いたのは、選手はいつも監督の一挙手一投足に注目しているということです。ですから、例えば私が「ああ、もうあいつダメだ。代えるぞ代えるぞ」などと不安に思っていると、雰囲気だけですぐに伝わってしまいます。

そうでなくても、ちょっとした迷いだけでも選手は私の気持ちを感じ取り、チームの中に不安が伝染していきます。これでは勝つことなど到底期待できません。それで「不動心」という言葉を掲げました。そうすることがチームに迷いを生じさせないと思ったからです。

たとえば昨年（二〇〇二年）、河原をストッパーにするといった戦略においても、批判的な意見に、自分自身が惑わされてはいけないと思いました。いったん自分が決めたことは、最後まで意思を貫き通す。ちょっとやそっとのことで、自分の意見を曲げない。それが、できるかできないかということが、私にとっては非常に重要でした。

今年は言葉を変えます。どういう言葉が自分にとっていちばん大切かを考えて、「勇気」にしました。「マジな男の気持ち」と書いて「勇気」と読むと、ひとり勝手に納得しています。

勇気にも、いろいろな種類があります。我慢する勇気、守る勇気、進む勇気、動く勇気などなど。その中で私が目指すのは、「新しいものにチャレンジする」勇気です。

昨年は、無私無欲の中で自分の意思を貫き通した年でした。しかし今年は、うちはチャンピオンチームだからといって守りに入ってはいけないと思っています。

コーチにしても「去年みたいにやっておけば、まあ勝つだろう」というように思わせたらいけない。いちばん怖いのは、慢心なのです。

リーダーは、常に変化するものに注意を払いながら、誰よりも先回りして、組織がどの方向に進むべきか、絶えず考えなくてはいけないと思います。

消極的な成功は、あとで大きなツケが回ってくる

しかし難しいのは、誰もが慢心がいけないことだとわかっていながら、しばしば陥ってし

まうということです。そこに問題が隠されているのだと思います。みなさんも、そういう経験はないでしょうか。

例えば、年頭のあいさつなどで、よく「初心に立ち返って頑張ります」ということを言う人がいます。初心に立ち返ることは、確かに大切なことです。でも問題なのは、心では大切だとわかっていながらも、実際には、実行できないことが多いことです。

なぜなら具体的な方法論を考えていないからです。

話を「慢心」に戻しましょう。これもまったく同じです。口で言うだけでなく、どのような方法をとれば、慢心に陥る状態にならずにすむのかを考えなくてはいけません。それが指揮官の仕事です。

私は、チームの中に「消極的な成功で自分をごまかさない」ということを徹底させるのが大事だと思っています。

野球というのは、消極的な成功がわかりにくいスポーツです。例えばレフト前に強いライナーが飛んだとします。アウトにしようと思って突っ込んで、後逸するケースもあります。でも一歩ひいてワンバウンドで押さえてセカンドに放ることもできます。これは失敗ではないですが、私に言わせれば消極的な成功です。

消極的な成功がやっかいなのは、あとで大きなツケを払わされるからです。積もり積もって、シーズン終盤の「ここぞ！」というゲームで必ず痛いミスにつながるのです。

ですから私は昨年からずっと、消極的な成功よりも、失敗を恐れない積極的なプレーに徹していくぞと言い続けてきました。消極的な成功が見えるプレーに対しては、すごく怒りました。「俺にはお前のスピリットがまったく見えない、お前のプレーは消極的な成功を選んでいる」と。

失敗を恐れない攻撃的なプレーは、時としてチームをピンチに陥れることがあります。でも私はそういうケースのときは何も言いません。「それでいい、お前のプレーに対する心構えの部分はそれでいい、ただしあとは技術の問題だな」と言うだけです。

余談ですが、選手の技術が向上する時は、積極的なプレーで失敗したのをきっかけにすることが多いです。消極的な成功に慣れてしまえば、技術は向上しないのです。

二〇〇二年の日本シリーズで、いまだに忘れられないシーンがあります。

まさしく第一戦で、「プレイボール！」と宣告された二、三分後の出来事です。松井稼頭央がいきなりセンター前にヒットを打って、二番打者がバントをしました。そのとき慎之助（阿部）が、ぎりぎりのタイミングでしたがセカンドに投げアウトにしたのです。あれを私は言い続けてきたんです。

あの場合でも、ファーストにポンと投げれば、それはそれで成功なわけです。でもそういう野球をジャイアンツはしないぞ、と決めてずっとやってきました。

私はあれで「よおし、これでいいんだ、いいチームになったな」と思いました。試合が終わってから、たまたま風呂で慎之助と一緒になったので「今日のヒーローはお前だな」と言いました。

結果、ジャイアンツは勢いに乗って、四連勝でシリーズを制することになります。今、振り返ってみても、あの場面は非常に大きかったです。

積極的なプレーに徹する。そういった心理状態でペナントレースを一戦一戦、戦ってきたからこそ、土壇場の時に、勝利の女神がこちらに微笑《ほほえ》んでくれたのではないでしょうか。

自分が言い続けたことが、日本シリーズという大舞台の、しかもしょっぱなから実現したことは、監督として非常に嬉しかったです。

失敗は、成功よりもはるかにスケールが大きい

どんなに強いチームでも、年間五十敗はします。また一方で、どんなに弱いチームでも五十勝はするのです。それがプロ野球なのです。この事実を、みなさんはどのようにお考えに

なるでしょうか。

私は、プロとアマチュアの違いは何かと聞かれたら、迷わず「プロは負けていいことです」と答えます。しかし、負けてもいいプロが甘いというのではありません。どんなみじめな負け方をしても戦い続けなくてはいけないのがプロの厳しさなのです。

私が監督になった時、ああ負けちゃったではなくて、負けをプラスに転化できるようなチームにしたいという思いがすごくありました。

選手には「俺たちの世界は毒も食わされる、でもその毒ですら栄養にしていかなくちゃならないのがプロだ」と言いました。「負けていいんだ。だが、ただでは起き上がるなよ」とも言い続けました。つまり、負けをプラスにする指導法が存在していなければならないのです。

昨年の阪神戦で、九回にサヨナラホームランをくらって負けたことがあります。確かに悔しかったのですが、よくよく反省してみると、このゲームのポイントは、ホームランを打たれたことよりも別にあることがわかってきます。

あのゲームはウチが先手を取りました。六回を終わって三対一でリード。でもこれでは心配なので、何とかもう一点取りにいきました。しかしダメ。そのうち三対二になり、ついに同点になってしまうのです。

追加点を取っていれば、何ということはないゲームだったんです。ですからサヨナラ負けを悔しがるより、なぜ四点目を取れなかったのかを冷静になって分析するべきなのです。

失敗にはたくさんの反省点が詰まっています。失敗は、成功よりもはるかにスケールが大きい。監督になって学んだことのひとつです。

五分の勝負をものにするために無形の力を結束させる

私が監督になった時、実力が五分五分の場合でも競《せ》り勝てるチームにしたいと思いました。五分五分の勝負をいくつものにできるかが、優勝の行方を左右するといってもいいでしょう。そうするためには、どうしても技術だけでは難しい。そこで私は、敢えて目に見えないもの、「ジャイアンツ愛」という言葉を打ち出したのです。

最初はほとんどの人が「なんだ勝負の世界に愛だなんて」と茶化すような反応をしました。でも私にとってはすごく厳しい言葉です。

「愛」は、私の中では「理解する」という言葉に置き換えることができます。つまり「ジャイアンツをしっかり理解してください」ということです。

例えば練習態度が悪い、無様《ぶざま》な結果を出してくる、私生活の面でも門限を破った、ルール違反をした。そういうことはすべて、私の言葉で表現するならば、「ジャイアンツ愛」がないということにつながっていきます。ジャイアンツというチームを理解していないということです。

どうしてそんな抽象的な言葉を選んだのかと言えば、きちんとした訳があります。

野球というスポーツは組織戦で、仮に十人のスーパースターがいたとしても、向いている方向がそれぞれ違ったならば、戦力としてはおそらく五人分にも満たないでしょう。ですので敢えて「愛」という言葉で、チームへの求心力を高めようとしたのです。

それともうひとつ、「ショウ・ザ・スピリット」というスローガンを掲げました。これはニューヨークでテロがあった時、逆風のアメリカが出した「ショウ・ザ・フラッグ」という言葉にパワーを感じて、それをヒントにして考えたものです。

「愛」と「スピリット」。無形なものを指す言葉です。形あるものは、モノで縛ることもできます。無形の力を結集させることはできません。目に見えない力を結集させ、まとめていくために「愛」と「スピリット」という言葉を選んで使ったのです。

五分五分の勝負を確実に勝利する方法は、私にもわかりません。絶対にこれだという方法は存在しません。しかし、そういう勝負を少しでも多くものにするために、精神的な結束力と強さを養わなくてはいけません。

目に見えない力をどのようにまとめ上げていくかが、監督のいちばん大事な仕事だと思っています。

目標は押しつけるのではなく、本人の口から言ってもらう

選手たちに、自分の責任や役割を再確認してほしいと思いました。このチームの中で自分は何ができるのか、何をしなくてはいけないのか、何をしたいのかを明確にするのは大切です。

キャンプ直前のミーティングで、私のこのような意図を説明したうえで、外国人選手も含めて全員に、「自分のスピリットは何か」のリポートを書いてもらいました。「書く」という行為は、とても有益なものです。なぜなら、曖昧《あいまい》だった自分の考えが、書くという行為を通して明確になり、自分でも気づかなかった発見があるからです。

そのような手続きがあってこそ、選手個人にも自覚が生まれ、接戦になっても勝ち越せるチームが出来上がるのではないでしょうか。選手たちが書いてくれたリポートは、すべてが

私の宝物になっています。

まずリーダーがすべきことは、選手たちに自分がどういう野球をしたいのか、その方針をきっちり伝え、その次に選手たちの自覚を促すことです。こちら側から一方的に押しつけるのではなく、選手の側から意見を言ってもらうことは、組織活性化の近道だと思います。

死人の顔を踏みつけて、死を確認する非情さも必要である

実際にグラウンドで指揮をとる場合、中盤までは先を見ながら、一イニング、二イニング、三イニング、四イニング、五イニングという感じで作戦を考えていきます。でも接戦になって、相手チームの残り選手とか、いろんな要素がからみ合ってくると、今度は逆算という考え方に変わります。さらに言えば、延長戦になって十二回まで戦わなくちゃいけないケースも想定して逆算しなくてはいけない時も出てきます。

そのあたりの見極めが重要です。先を見て戦うか、逆算して戦うか、イニング数を見て、今日は厳しいなとか今日は楽だとか。

横浜スタジアムのベイスターズ戦（二〇〇二年六月十九日）では、河原が九回同点に追い

つかれた時点で、非常事態です。私の計算では、ここで河原が抑えてくれてゲームセットなわけですから。

しかしそういう中で、新たな逆算が始まります。それで、いろいろなことを考えて、ピンチヒッター桑田という用兵を選択し、バントと見せかけてバスターという戦術で相手の隙をついて勝ち越したわけです。

残りのイニング、残りの選手、すべてを総合的に考えて、そういう結論を出しました。桑田の起用に関しては一点の迷いもありませんでしたが、じつは、あれが昨シーズンいちばん悩んだゲームでした。あの夜は一睡もできませんでした。

プロ野球には、勝ち方、負け方というのが絶対に必要だと思っています。ペナントレースを戦うということは、自分を含め六球団の将たちとの戦いを意味するわけです。相手の将に対して失礼な戦い方をするのは、いけないことです。

あのゲームにおいて、ピンチヒッターに桑田を出したのは最善策でした。確かに、あそこで桑田をピンチヒッターで出すということにはすごい勇気が要《い》ります。例えば、デッドボールになって残りのシーズンを棒に振ってしまうということも考えられたわけです。そういうことだって考えなくちゃいけない、でもすべての可能性を考慮したうえでこれしかないと決断しました。

しかし勝ち方においては、別でした。あれで本当によかったのか、失礼な戦い方だったのではないかと、すごく悩みました。

相手の将は森さんだったんですが、次の日の新聞に、「あんなことをやるのは、ベンチからは見え見えだった」と、あたかもそれを見抜けない選手たちを叱責するコメントを出しているのを読んで、初めてすっとしました。

もしそう思ったのならば、ベンチから何らかの指示を出すべきでした。私が同じ立場なら、そうしていたと思います。それで、自分の戦い方は間違っていなかったと思ったのです。でも新聞を読むまでは悶々《もんもん》としていました。仮に違ったコメントが出されていたら、また悩むことになっていたかもしれません。

勝負には、相手が死んでいると思っても「本当にお前、死んでるのか」と上から顔を踏みつけるような、それくらいの非情さが必要な時もあると教えられたゲームでした。

指揮官の理想像としての曹操

私は『三国志』の登場人物でいうと、曹操《そうそう》に惹《ひ》かれるところがあります。曹操が持っている冷酷さとか、孤独に耐える力とかが、指揮官としての自分には欠けているんじゃないかと思うからです。

そのような部分というのは勝負においてすごく大事なものです。ですから、指揮官として曹操の生きざまに学ぶべきところがあると思っています。曹操のような精神を、自分でも持ちたいなという思いがどこかにあるからです。

『三国志』の登場人物で、誰になりたいかと質問されたら、そうですね、やはり劉備玄徳《りゅうびげんとく》じゃないでしょうか。誰と友だちになりたいかと聞かれても同じ答えです。でも指揮官としてならば、やはり曹操です。

北方謙三さんの『三国志』を読んで驚きました。あの小説の中では、いろいろな登場人物が、実に詳しく魅力的に描かれていました。曹操も単なるヒール（悪役）じゃない。勧善懲悪ではないところに、また新しく学ぶべきところを発見した思いです。

プロ野球のあるべき姿

繰り返しになりますが、やはり勝負というのは、相手を見ながら戦っていくものです。相手の将を見ながら戦うことですから、勝ち方、負け方、そして「戦いざま」というのが絶対必要です。

基本的に、目的は勝つことではあるけれど、無条件になにがなんでも勝てばいいというのはプロ野球を衰退させると思います。ある意味、敵の将の戦い方を思いやる気持ちがなくてはいけません。余裕とまではいきませんが、「なにがなんでも」は、あまりにも貧しいです。

ファンが、私たちに何を求めているかといえば、胸と胸を突き合わせた真剣勝負だと思っています。ですから私は、相手チームに「あいたー、参ったなー」と思わせられるようなスーパープレーが出たとしても、心の中では拍手を送りたいです。

「こんちきしょー、こんなところで打ちやがって、この野郎！」と正直思う時もあります。でもナイスプレーに対しては、その選手を讃《たた》える。心の中で「よくやった」と選手一人ひとりが拍手を送る、そういうチームにしたいです。

勝負を超えた部分で「あっぱれだ、素晴らしい」っていうのはあると思うんです。それを認め合えるのがプロなのではないでしょうか。

もちろん、ベンチでみんなが総立ちして「おお、素晴らしい！」と拍手してるようじゃダメですが。

寝ながら考えてもいい結論は出ない

私の父は、私がする野球に対してはまったく何も言いません。指導法に関しても、戦術に関しても何か特別なことを言ってもらったことがないんです。でも監督になった時、ひとつだけアドバイスしてやると言われました。

その言葉というのが、「お前、これからいろいろ考えごとがあるぞ。でもな、考えごとっていうのは、ほとんどがマイナスのことなんだ。だから夜、ベッドに入って枕に頭をつけて考えるのはやめなさい。どうしても考えるのであれば、部屋を明るくして椅子に座って考えなさい」というものだったんです。

「なんで？」って聞いたんです。そうしたら、「暗いところで寝て考えて、いい結論が出てくるはずがない。どんどんマイナスに、悪いほうに悪いほうに流れていくんだ。だから明るいところで椅子に座って考えろ、その時に感じたものが自分の考えなんだ」と。

私はその言葉というのは意味が深いなと思いました。

実際そうしてみると、ああバカなことで悩んでいたなと思うこともあるし、ああなるほど、こうすればいいんだという結論が出ることもあります。

考えても考えても結論が出ない時は、ひとりで考えてもムリだと諦めて、明日誰かに意見でも聞こうと決めて、寝てしまう時もあります。

ふとんに入って枕に頭をつけて余計なことを考え出しそうになったら、「お前、何考えてるんだ、どうせロクな考えじゃないぞ」と自分に言いきかせたりします。

だから負けた時のほうが、原因がはっきりしているし、気持ちも切り替えているからよく寝られるんです。逆に、勝つと、興奮しているからなかなか寝られない時があります。

グラウンドを離れたら、選手とはなるべくつき合うべきではない

監督になった時、コミュニケーションを大事にしながら選手とつき合っていこうと決めました。でもそれは、グラウンドの中だけにするようにしています。

グラウンドに立っている時は、自然体で監督というものをやっていますが、宿舎に戻ったり私生活になると、逆に気をつかってしまいます。

例えば、選手と一緒に食事をしたり、酒を飲んだりというのは、特別なことでもない限り

やるべきではありません。コーチの時は、比較的よく連れていきましたが。

きちんとした大義名分があれば、そういうこともかたくなにしないというわけでもないのですが、意味もなく「おい、飯食いに行こうか」「酒でも飲みに行こうか」ということをすると、誘われなかった他の選手に変な誤解を与えます。

別に何もないのに、わざわざ「何をしているんだろう……」と余計な妄想を抱《いだ》かせる必要など、どこにもないからです。

昔、コーチの時は、ベンチの中で大声で喋《しゃべ》っていても、「こいつ聞いてるのかな」と思ったぐらいです。でも監督になってみると、どんなに聞き取れないような小声で喋っていても、みんな聞いているのには驚きました。聞いてほしくないようなことでもしっかり聞いていることがあるから、余計なことは言えません。

選手を起用する時でも、「こいつ大丈夫だろうか」と不安に思ったり、「ああもうダメだ、そろそろ代えるぞ」などと考えたりしていると瞬時に伝わってしまいます。それほど監督の態度というのは注目されているものなのです。

安易な行動をとって、選手たちのモチベーションを下げてしまうようなマネは慎むべきです。それに選手だって、監督と一緒だったらリラックスできないのではないでしょうか。私も選手も、せめて食事をしたり、お酒を飲む時ぐらい、好きな話をして楽しみたいと思います。

指示をあおぐばかりでなく、自分で状況を判断できるようになる

私が未来において、「究極のチーム」を作ろうとするならば、迷わずに、ジャッジメントプレーができるチームと答えます。これは非常に難しいので、作れるかどうかはわかりませんが、理想であるのは確かです。

ジャッジメントプレーというのは、監督やコーチの指示をあおがなくても、選手一人ひとりが自分で状況を判断して、プレーをしていくものです。

簡単に言えば、バントのサインが出ていなくても、フィールディングが下手な投手だったら、カウントによっては選手個人の判断でプレーしてもよいということです。これができれば理想ですが、そうそう簡単にはいきません。

まず、ジャッジメントプレーというものは、選手一人ひとりが野球をよく知っていなければできないものです。基本ができていない選手には、ジャッジメントプレーは絶対できません。

サインプレーがそうです。守備のフォーメーションなど、いろいろな作戦に対してベンチから指示を出します。そういった指示に即応したプレーができないとなると、発展形であるジャッジメントプレーなど到底できるはずがありません。ですから、まずは基本ありきです。しかしゆくゆくは、監督が出す、バント、スクイズ、エンドランのサインや、守備のフォーメーションなどのどれを選択するかは、選手たちが決めればいいと思っています。

なぜこういうことを言うのかといえば、選手一人ひとりに自立してほしいからです。指示行動だけでプレーをするチームというのは、まだまだ弱いです。

選手一人ひとりが野球について真剣に考え、話し合い、知恵を出し合う。チームを動かしているのは、自分たちなんだと思えるようになることが大事です。そうなったらチームはとてつもなく強くなります。

そういうことができるメンバーを、一人ひとり育てたり、集めたりする。できるかどうかわからないけど、挑戦したいです。

ですから昨年優勝した時、私は「プロローグにすぎない」という言い方をしました。結果だけでいうならば、昨年以上のものはないわけです。しかし私自身が求めているチーム、求めている野球というのは、まだまだなんです。

これから第一章、第二章と続いていくわけですが、最終章は永遠に来ません。それくらい高い山を登ろうとしているわけですから、楽しいのです。

コーチにも権限を与えないと、組織は強くならない

私が監督になった時、まずいちばん最初にスタッフミーティングを開きました。その時コーチ陣にお願いしたのは、いくつもの選択肢の中で「これも、これも、これも、ありますけど、どうしますか？」というような聞き方はしないでくれということです。

巨人軍にはトレーナー、広報など、いろいろな部署がありますが、同じことを全員に言いました。「あなたたちはそのポジションの中でいちばんなんだから、あなたの意見を私に伝えてくれればいい。それをダメだと思ったらそう言いますから」と。

なぜこういうことを言うのかというと、そうしないと組織は強くならないからです。責任があるからこそ、みんなが考えるんです。自分の意見を言うためには、みんなが勉強しなくてはいけません。「その根拠は？」と聞かれて、はっきりと理由を言えるためには、付け焼き刃のような知識や、中途半端な勉強では太刀《たち》打《う》ちできません。誰かに、おんぶにだっこではつまらないです。組織というのはそういうものだと思っています。

吉村コーチとはずいぶん話した記憶があります。試合中、吉村コーチが「これでいきましょう！」と来ます。でも時と場合によっては「いや、ここはこれにする」と意見をのまないこともありました。

ゲームが動いてるから、その時は理由は説明できません。でも終わったあとに、ふたりで話して、どうして自分がそうしたかを説明します。それが私の理想です。

勝負の三つの提言

シーズンが始まる前に、選手たちには「勝負の提言」という形で伝えたものがあります。「勝負に近道なし」「勝負に失望なし」「勝負に待ったなし」。

勝負なんですから連敗することだってあります。それでも四苦八苦するのが宿命なんです。小手先だけで勝とうなんて、できるわけもないし、やろうとも思っていません。「勝負に近道なし」、急がば回れとは、よく言ったものです。

二番目は「勝負に失望なし」。勝負なのですから、必ずどちらかが負けるわけです。だから勝った負けたで、一喜一憂してても仕方ないのです。それよりも失敗をプラスに変えていく姿勢が大切なんです。そうすれば必ず未来というものは、誰に対しても公平に訪れる。また新しい勝負も始まります。だから、いつまでもグジグジ言っていても仕方ないんだということです。

しかし「勝負に待ったなし」だ。いつなんどきチャンスが訪れるかわからない。だからわれわれは常に勝負する気持ちでいなさいというのが三つめです。

連敗が続いた頃、選手に「おい、三つの言葉を言えるか?」と聞いたりしていたので、みんな言えるようになりました。

これは、知将と言われた三原脩さんが残した文章の中からいただいた言葉なんです。オリジナルは「人生の提言」でした。

「人生に近道なし」の意味は、人生に四苦八苦するのは人間の宿命であって当たり前のことなんだ。「人生に失望なし」は、何もかも失っても未来というものは公平に与えられるものだ。「人生に待ったなし」は、チャンスは生かせ、チャンスはつかめという意味。

でも私が「人生」と言ってしまうのはどうもおこがましい。まだ人生など語れる齢《とし》でもないから、チームに対して言う時は「勝負」と置き換えて伝えました。

失敗してダメになるよりも、成功してダメになるほうが多い理由

「監督はプラス志向タイプですか、マイナス志向タイプですか？」という質問を時々されます。正確に答えるなら、そのどちらでもなく、私自身では「マイナスを考えてから、プラスに変えようとする」タイプだと思っています。

マイナスの結果が出たって、俺は絶対この場面をプラスにする、そう考えます。つまり失敗したからといって、それが必ずマイナスのままで終わるとは限らないということです。

いちばん恐ろしいのは、いい加減にやって成功してしまうことです。これほど人間をダメにするケースはありません。プロ野球の世界でも、ぱぱぱんと電光石火のごとく活躍して、打ち上げ花火みたいに野球人生を終えていく人がいます。

野球というのは不思議なもので、いい加減にやっていてもホームランを打てる場合があります。でも本当に技術を会得して打つホームランとは違うので、長続きはしません。

ですから私が見ていて、失敗してダメになった人よりも、成功してダメになった人のほうが多いです。いい加減な努力で得た結果に満足してしまうからです。要するに「慢心」です

ね。これほど恐ろしいものはありません。

確かに、いいプレーをしたり結果を出したりすると、みんなほめてくれて大変に気分がいいです。しかしこういう時こそ、ひとり静かな部屋にこもり、自分の胸に手をあてて問いかけるべきです。「自分は本当にみんながほめてくれるほどの資格があるのか」「自分は本当に一〇〇パーセントの努力をしたのか」と。真実を知っているのは他のだれでもありません。自分自身です。

一〇〇パーセント努力して、たとえそれが失敗に終わったとしても、ゼロではありません。なぜなら、自分に足りなかったのは、何かということがわかるからです。だからやるときは全力でやるべきです。

もうひとつ加えれば、物事に絶対はありませんが、それでも絶対を目指そうという気持ちに絶対はあるということです。そういう態度が大切だと思います。

スランプになった時の対処法

スランプは一流の選手にしか起きないものです。スランプと未熟さを勘違いしてはいけません。未熟な者にかぎって「自分はスランプで調子が悪いんだ」と言いますが、そうではありません。いい加減な仕事をする人間にスランプはないんだと思うべきです。

　スランプになったら、まずもがくことです。要するにスランプというのは、技術と体力、そして心の部分においてなにか支障をきたしている状態です。その原因というものを追求しなくちゃいけないし、そのことを改善しなくてはいけない。そのためには、まずもがく。もがき、あがかなければ、自分のどの部分に問題があるのか、あぶり出すことができません。それなくしてはスランプ脱出はあり得ないと思います。

　いちばん気をつけなくてはいけないのは、楽なほうへ流されないことです。「なるようにしかならない」という考えでいると、どんどん深みにはまります。

　もういいやと結論づけたり、やけくそになったりすることは許されない。やけくそというのは、ギブアップしているのと同じことです。「どうなるかわからないけど来い！」と、もがきもせずにそのような感じになるのは最悪です。

　仮にやけくそでやって、たまたまその時はいい結果を出せたとしても、その先には進めません。ステップアップの材料にならないからです。

　しかし、やることはやって、開き直るのはいいと思います。開き直るというのはギブアップじゃない。「これだけやった、もうやることはないぞ、さあ行くぞ」という境地になることが、スランプの時にはなによりも大切です。

スランプとは違いますが、チームが低迷している時も同じだと思います。やるべきことをしっかりやったけれど、結果としては負けてしまったという時、もし原因がしっかりわかっていれば問題はありません。

やるべきことをやらずに、やけくその状態になっている時がいちばんマズいです。チームが劣勢に立っている時、そこでいかに開き直りの精神で頑張れるかというのが大事です。

自己満足がスランプの始まり

スランプを事前に予測することは、大変難しい。ただ現役時代の経験からいえば、「これだな」と自分で満足した時から下降が始まっていたような気がします。

「これでもか、これでもか。いや、ダメだ、まだなんだ」と考えている、模索している時のほうが、まだ調子は上向いている。「よしつかんだ、バッティングってこれだ、野球ってこれだ」と思った時には、知らず知らずのうちに下っています。

やはり不安をかき消すには練習以外にないというのが結論です。現役選手の時「ストレス解消法はなんですか」というような質問を受けました。趣味として食べたり、飲んだり、いろんな解消法があるけど、結局のところ、それでストレスを解消するのは無理です。

やはり試合で打たないとダメなのです。試合で打って、いい結果を出すこと。これが唯一のストレス解消法なんです。プロ野球選手というのは、毎日がそういう白か黒かという、ぎりぎりのところで生きているものだと思います。

それともうひとつ、これも自分の経験からですが、技術ということについて講釈をたれるようになったら、下降の始まりです。その時は気づきませんでしたが、知らず知らずのうちに引退への扉が開いていました。

もちろん技術論を人に言うことによって、それを自分自身のエネルギーに変えていく人もいるでしょう。でも私は自分が理屈をこねだしたら、気づいたら、引退がすぐ目の前にありました。

他人から、まだまだと言われて発奮するのではありません。重要なのは、たえず自分で自分を追い込んでいくことです。「まだなんだ、まだなんだ、まだなんだ」と思い続けることで上昇していける部分は確かにありました。このことは技術というものが落ち込むことなく進化するうえで、非常に大事なところだと思います。

事実、野球界は進化しています。真っすぐ一本で勝負していた古い時代から、投手は変化球を覚えました。打者もそれに対応できるように進化しました。

現代野球は、カットボールなど、それまでになかった球種が武器になって威力を発揮しています。新しい球種に対応するための打者の技術も進化しなければならないのです。

どんどん進化していく技術に対応するためにも、「これでいい」という終わりはないのです。終わりのない技術の進化を簡単に論じられるようになったら、その選手の終わりが近づいているということでしょう。

勝負は怒ったら負け

よくモノにあたる選手がいますが、私はあまり好きではありません。確かに男同士の真剣勝負ですから、死ぬほど悔しい気持ちはわかります。だからやってもいいんです。でも私たちの目の前でやるなと言いたいのです。

本人はスカッとするかもしれませんが、見ているこっちは気分が悪いだけです。目的は勝つことです。チームはいい状態なのに、その選手ひとりの悔しさのためにチームがマイナスの方向に行ったらどうするんだと思います。

一度、よくモノにあたった選手と話し合ったことがあります。「お前なあ、よくモノにあたってるけど、それは違うんじゃないのか。まずチームに迷惑かけたんだから、すいませんって言って帰ってきて、それから怒るのが筋だろ」と言ったことがありました。

怒ってもいいんです。要するに、冷静な自分をどこかにおいておけば、心底怒ってもいい。心底泣いてもいい。自分を奮い立たせるために、時にはそういうアクションも必要かもしれません。ただし、自分の行動がチームにどんな影響をおよぼすかは忘れないでいてほしいのです。少なくとも、モノにあたっている選手を見て、他の選手が発奮することなどはほとんどあり得ないわけですから。

勝負の世界にかかわる者が、戦いの現場において、自分を見失うほど怒るのは、非常に問題があります。

自分が知らない人間とつき合え

九五年に引退して、三年間グラウンドから離れ、評論家生活をしました。その時、とにかく野球以外のものにも積極的に接していこうと思いました。

ですから、ミュージカルに行ったり歌舞伎に行ったり、もちろん映画にもずいぶん足を運びました。

コンサートに行ったりすると、すごいエネルギーを与えられます。これはちょっとしたカルチャーショックでした。ああこういうものをみんな求めてるんだ、そうかこういうものを求めて野球場にも来ているんだということにあらためて気づかされました。

ユーミンのコンサートに行ったら、バッタリ松井と会って、「いいよなあ松井、ファンもこういうエネルギーを求めて球場に来るのかなあ」とか話したりしました。

ミュージカルなんかもすごいですね。日生劇場とか宝塚劇場とかに自分で切符を買って観にいきました。

それともうひとつ、嫌だったけど、これだけはやろうと思ったのが講演です。

講演は月に二回はやろうと思いました。人の前で一時間半も喋るのなんて嫌なことなんです。でも講演をやったら考える時間が増えるだろうと思ったのと、話の材料をつくるために、本や新聞を読んだりしなくちゃいけないから勉強になると思いました。

結局、一年間で二十八回ぐらいやったでしょうか。話の内容は聞く人によって、いくつかパターンがありましたが、やはり同じような話をしてお金をもらうのは、悪いなあという気分にだんだんなって、次の年は数を減らしました。でも、すごく疲れましたけど、すごく勉強になったのも事実です。

どうしてこういう話をするのかと言うと、私は違う分野の人やモノと接することがとても大事だと思っているからです。食事をしたり、お酒を飲んだりする時間があれば、私はできるだけ自分と違う世界で働いている人たちともするようにしています。

そのほうが、自分の世界が広がるからです。

また、いろいろな人とつき合うことは、自分が他の分野の人からどのように見られていたのかがわかります。「井の中の蛙《かわず》」という言葉がありますが、自分に刺激を与えてくれ、新しい風を吹き込んでくれるような人がいる世界にすすんで入っていくことは、実に楽しいです。

ですから私は「異業種交流」推進派です。チームの中でも投手コーチと打撃コーチが、違う分野のことで指摘したり、意見を言い合うのは賛成です。そこからまったく新しいものが誕生する可能性はとても大きいと思うからです。

野球バカではなく、野球博士になれ

少なくともわれわれは、野球というものが職業になっているわけですから、野球バカじゃいけないと思います。ぜひとも野球博士になろうじゃないかという話をよくします。野球博士になるのが、プロ野球人としての誇りではないでしょうか。

もうひとつ加えるならば、教育的な立場に立って社会に貢献すること。これは野球という職業を持った私たちの使命であると思っています。

大学に行って、例えば経済学部を卒業すれば「経済学士」という称号をもらえます。だからプロ野球だって、門を叩いたからにはそれなりに目指すものが必要なんじゃないでしょうか。そういう理由で、「野球博士」というものが仮にあるならば、最低でもそこを目指そうと思うわけです。

投手なら投手のことだけ、野手なら野手のことだけ知っていればいいというのではありません。自分のポジションのことしか知らないのでは、野球バカです。それでいいと思うのは、あまりにも心が貧しすぎないでしょうか。

選手生命が終わったあとでも、野球博士という立場で堂々と社会にこのスポーツを紹介し、広めていく。それが野球人であり、そういう人が集まっているチームを作っていきたいと思います。

「真面目」という言葉は死語なのか

完全に打ち取られた打球が、内野と外野のあいだに落ちてポテンヒットになることがあります。逆に、いい当たりをしても正面をついて、アウトになるケースもあります。これは誰にでもあることですが、私は偶然ではないと思っています。だから、ただ単に「ラッキーだったなあ」「運が悪かったなあ」ということで、すませていいことではないと考えています。

野球は技術だけで勝つことは難しい、とすでにお話ししましたが、見えない部分の力に非常に影響されやすいスポーツなのです。そのような力を取り込める選手のことを、私は「人間力」があると言います。この言葉を教えてくれたのは、私の父と、明治大学野球部の監督をされていた島岡さんです。厳密に言えば、私の父は「人間性」という言葉を使い、島岡さんはそのものずばり「人間力」でした。

日頃から、自分の練習方法とか野球に取り組む姿勢が正しければ、ぎりぎりの場面で物事は必ず良い方向に転ぶ。私はそれを信じていますし、実際にそういう経験もしています。聞く人によっては古くさいと思われるかもしれませんが、「真面目」というのが人間の強さにもつながってくるのです。

そういうことを信じないと、勝負というのは悔いが残って仕方がないところがあります。「人事を尽くして天命を待つ」の境地で、ひたすら真摯《しんし》に野球に取り組むべきです。

勝負というのは、グラウンドに入る前から始まっています。ですから、最後はいかに自分のことを自分自身が信じてやれるかにかかっています。「俺はやるべきことはすべて全力でやってきた、だから大丈夫だ、恐れることはない」という心境にいかに持っていくことができるかがポイントです。

そういうところを大事にしていけば、本人の気持ち次第、取り組み方次第で、失敗も必ずプラスに変えることができますし、強い人間力も養われていくのだと思います。

自分ができないことを言ったりしない

指揮官としていちばん大事にしているのは、自分の意思をしっかり持った状態でグラウンドに立つということです。自分が迷った状態をつくらないこと。俺は今日はこれでいくんだという意思確認だけは毎日しています。

また、指揮官が絶対やってはいけないこととして、「これをしてはいけない」と言っておきながら、自分が破ってしまうことではないでしょうか。

そうまでいかなくても、基本的な方針をコロコロ変えていたのでは、現場はしらける一方です。ですから自分ができそうもないことは言わないに限ります。

監督になった時、立場上、昔みたいにどんちゃん騒ぎなんてできないなあと思いました。ですから、修行僧みたいにしなくてはいけないと思って、そう表明しようと思いましたが、やっぱりやめました。もしかしたら、年に一回くらいは、どんちゃん騒ぎもするかもしれないからです。

言ったことによって、自分に少なからぬ義務感が発生します。だからできないことは言わない。監督になったからとか、会社の中でも偉くなったりすると、急に特別なことを言ったり、やったりする人がいますが、大きな勘違いではないでしょうか。

人間は基本的に弱いものだと自覚するべきだ

私は選手に対して、細かいことを言うつもりは毛頭ないし、規則などでがんじがらめの状態も好きではありません。自立とか自主性という言葉が大好きです。だから、戦ううえにおいて、勝つための集団を作るのに必要最小限のことを言うだけです。

指揮官は、自分に厳しくできないとダメですが、私は、人間というのは基本的に弱い存在だと思っています。そのことを再認識する必要があると思っています。

野球教室にやってきた子どもたちにも、例えば「これから毎日、腹筋背筋一〇〇回やろうと決めて、もしできなくてもそれでいいんだよ」と言います。自分で自分に「ごめんなさい」って謝って、また今日から始めればいいんだからと。

自分で決めたことに対して「俺って弱いなあ」とか「ダメだなあ」と結論づけてやめちゃうのが本当の弱い奴です。うまくいかなくても、そこでもう一回やり直せばいいのではないでしょうか。

一回や二回失敗したからって、みんな人間なんだからよくあることだよ、神様じゃないんだから落ち込まなくていいんだよと、自分を守ってやらないといけません。私は、今までそうやってきました。

「まいった！」という時に、自分に対して「すまん！」と詫びて、そこから新しいスタートを切ればいいのです。ただそれだけのことです。

第三章　極秘日記／２００２年激闘の軌跡

▼3月30日 ▼阪神戦（東京ドーム）

エース上原への裏切り行為

監督として初めて挑む開幕戦。独特の緊張感は、とても言葉にできるものではなかった。現役時代は、自分が打てばいい。自分のできることを精一杯にやればいい。そう思って燃えていればよかった。

しかし同じ開幕戦でも、異質なものだった。精一杯やればいいことの「質」が、監督と選手では違うからだ。

頭の中で考えてきた野球に専念しようと徹した。しかし実戦の場は、想像以上に人を惑わすものだった。監督一年生の私に、最初の試練が訪《おとず》れた。

開幕のマウンドを託した上原の調子が、一向に上がってこない。「先発投手は七回を投げるのがノルマ」。決めていた構想を忘れていた。

二点をリードされた試合の中盤頃だった。相手の先発は日本球界を代表する左腕・井川だった。これ以上、点差をつけられたら負けてしまう。

終盤までにチャンスがあれば上原に代打を送り、一点でも返しておきたいところだった。弱気は、上原の降板への気持ちに傾いていった。その思いを止められなくなった。

「代えたほうがいいかな？」

	1	2	3	4	5	6	7	8	9	計
阪神	0	1	0	2	0	0	0	0	0	3
巨人	0	0	0	1	0	0	0	0	0	1

【勝】井川　1勝0敗0S
【負】上原　0勝1敗0S
【本塁打】桧山1号、アリアス1号、清原1号

口をついたのは、単純な質問だった。ベンチにいる斎藤投手コーチに聞いていた。

「何を言っているんですか、このまま続投でいきましょう」

思わず、自分自身の頭をぶん殴ってやりたくなった。上原は開幕のマウンドを任せた投手なんだぞ。そんな投手を試合の中盤で代えるなんて、一体、俺は何てことを考えていたんだ。不甲斐ない自分の考えに恥ずかしささえ覚えた。

私の頭をよぎった継投策は、開幕戦のマウンドを託したエースへの「裏切り行為」でもあるのだ。

長嶋監督は、調子の悪い先発投手を引っ張ったりしなかった。もちろん、その試合に勝つことを考えれば、決して間違った考え方ではない。野球というスポーツにおいて、マウンドで投げる投手のできの良し悪しが勝敗を分ける一番のポイントになるからだ。しかし、長いペナントレースを戦うことを考え、私は先発ローテーションを任せる投手には、七イニングというノルマを与えようと決めた。

まずは投げる責任回数を決めることで、きちっとしたローテーションを守りたかった。力があると認めた先発陣に、一年を通してコンスタントに投げ続けさせるためだ。

そして先発投手がしっかりとノルマを果たすことで、中継ぎ投手の負担も少なくなる。昨年の中継ぎ陣は結果を残せず、チームの「アキレスけん」と言われていた。投手陣の全体のレベルアップにもつながると確信していた。

ここまで決めていたにもかかわらず、上原を試合の中盤で代えようとした。どうしても白星で飾りたいという開幕戦ならではの「落とし穴」にはまりそうだった。弱気になった私の気持ちを知らないまま、上原は八回まで投げて三失点。試合には負けたが、堂々たる結果を残した。

もし上原が踏ん張ることができずに大量失点していれば……。交代させるか、させないかの迷いは、残ったままだったかもしれない。先発投手に責任回数を決めるという方針がゆらいだかもしれない。監督経験のない私を最初に救ってくれたピッチングだった。

試合は一―三で完敗だった。阪神・井川の前に一点しか奪えなかった打線は、完全に力負けした。井川の最大の武器は、威力のある真っすぐだ。ウイニングショットに使うチェンジアップも、あの真っすぐがなければ怖くない。

力対力でねじ伏せられた場面を象徴したのが、九回無死一、二塁の江藤の打席だった。井川の体力は、すでに限界に達していた。真っすぐの球威は明らかに落ちている。

相手バッテリーも警戒し、変化球を二球続けた。ボールになり、カウントは〇―二になった。逆転勝利の希望が、芽生えてきた瞬間だ。速球派の井川が、変化球を続けてカウントを悪くした状況だった。狙い球は、球威の落ちている真っすぐ一本でいい。打席の江藤もわかっていた。

渾身《こんしん》の力を込めた真っすぐだった。体力は限界に達しているが、気力という目に見えない力を引き出せる人間はここ一番の勝負で強い。三球目の見え見えの真っすぐを空振り。四球目の真っすぐを打ってセンターフライに終わった。試合の終盤まできて、わかっていても打てなかった真っすぐだった。

今後は何度も対戦する厄介《やっかい》な敵になる。対策を練り直し、必ず倒さなければならない左腕だと、改めて思い知らされた。悔しい開幕戦を振り返ったが、チームの手応えは感じている。勝利へ向かう選手全員の姿勢が、たまらなかった。声を出し、実際にプレーをしていない時でも、一つのボールに集中しているのがよく感じられた。

勝負に近道なし。勝負に失望なし。勝負に待ったなし。先は長い。追い風、逆風、雨、嵐、なんでも来い。

▼4月3日　▼中日戦（ナゴヤドーム）

笑えなかった未熟者

開幕してから三試合、勝利からは見放されたままだった。いつかは勝てると信じていた。しかし、監督として味わっていない「勝利の味」がどんなものなのか、欲求が強すぎたのだろう。自覚していなかった焦《あせ》りが、突然、襲ってきた。

初回一死満塁のチャンスだった。清原の打球は、浅いレフトフライ。とてもタッチアップできる当たりではなかった。目を疑った。三塁走者の清水がホームに向かって走っている。ホームは楽々とアウトにされ、ダブルプレー。先制のチャンスは、アッという間に消滅してしまった。

体がカッと熱くなった。監督としてミスの原因を追求するのは当然だが、感情的になっているのが自分でもわかった。ベンチに戻ってきた清水と三塁ベースコーチャーボックスからベンチに戻ってきた鈴木コーチを呼びつけていた。

清水はコーチの指示に従っただけだという。いくら俊足の清水でも、あの当たりでコーチの指示を無視してタッチアップするなど、考えられない。

「なんで走らせたんだ」

思わず、鈴木コーチに言った。語調は強くなっていた。

「いいえ、ストップさせました」

「じゃあ、なんで走るんだ」

そう言ったところで、ある予感はあった。二人とも自信を持って答えていたからだ。

「なんて指示を出したんだ」

「ノー、ノー、ノーと言って止めました」

凡プレーの原因は「ノー」と「ゴー」の違いだった。鈴木コーチは「ノー」と言ったが、

	1	2	3	4	5	6	7	8	9	10	計
巨人	0	0	0	0	0	0	2	0	0	1	3
中日	0	0	1	0	0	0	1	0	0	0	2

【勝】前田　1勝0敗0S　【S】河原　0勝0敗1S
【負】岩瀬　0勝1敗0S
【本塁打】井端1号、立浪1号

清水は「ゴー」と聞き違えていたのだ。

原因ははっきりしたが、反省材料はある。あの浅いフライで「ゴー」と聞き違える清水も清水だが、聞き違えしそうな紛《まぎ》らわしい指示を出した鈴木コーチも鈴木コーチだ。それに三塁コーチャーならば体を張ってでも止めなければいけない場面でもある。

勝てないチームに焦りがあったのだろう。自分に言い聞かせ、怒りを鎮めようとしたところで、己《おのれ》の未熟さに気がついた。

一番、焦っているのは、私自身だった。選手もコーチも勝利に向かって懸命にプレーしている。そんなチームのミスに対し、突然、怒りを抑えられなかった自分がいる。総大将というべき監督が焦っていれば、選手やコーチが焦るのも当然だった。表面には出ないように、考えないように、意識しないようにしていた焦り、勝利への欲求は、知らず知らずの内にチームを蝕《むしば》んでいた。私自身の焦りが生んだミスといっていい。

年頭に掲げた「不動心」という言葉を再確認した。監督がオタオタする姿は見せられない。チームもガタついてくる。そうならないように掲げた座右の銘だった。どんな苦境に追い込まれても指揮官がどっしりとしていれば、選手もコーチもいい仕事をしやすい環境を作れる。実際の作戦面だけでなく、チームのモチベーションを下げず、少しでもいい仕事環境を整えてやるのも監督として大事な仕事なのだ。

監督として笑えないミスとなったが、私の新人時代にも同じようなミスがあった。一塁走者は関西出身の選手で、一塁ベースコーチャーは九州出身のコーチだった。よく覚えていないが、エンドランが出てもおかしくない状況だった。一塁ベース上で、二人がサインの確認をした。

「(エンドランのサインは)でとらんぞ」九州弁でサインは「出てないぞ」という意味だった。ところが一塁走者は「エンドランぞ」と聞き違え、スタートを切ってしまい二塁でアウトになった。

当時の監督だった藤田監督が事情を追求し、その次の試合から九州弁は禁止。新人だった私は大笑いして終わったが、監督になると笑えない。昔話を思い出すと同時に、現在の責任の重さを痛感させられた。

試合は三—二で接戦をものにした。監督として初めての勝利だった。開幕前は「このチームは開幕五連敗ぐらいしたほうがいい」と考えていた。そのほうがチームに危機感が芽生え、まとまると考えていたからだ。

しかし、あと二試合も勝てないままでいたらと思うと、背筋が寒くなる。来年は「五連敗してもいい」などと考えるのはよそう。思った通りになる。こんな苦しみは味わいたくない。勝利への焦りは、自分が考えていた以上に大きいものだったからだ。

勝利は人を育てるというか、個人的な反省材料は山積みだ。ただ確かなものとして、私にとって忘れられない勝利になった。「不動心」という言葉の大事さも、実戦を通して肝に銘じた。優勝に向かっての第一歩をやっと踏み出せた。

▼4月5日　▼横浜戦（横浜スタジアム）

「死に場所」から戻ってきたベテラン・桑田

バットを持って、打席に立ちたかった。ベンチでジッとしている自分が、もどかしくなった。もちろん、今の私が打席に立てたとしても、足を引っ張るだけになる。現実はわかっていても、なんとかしてやりたい気持ちが抑えられなくなっていた。マウンドで力投する桑田の姿が、すでに死んでいる「打者・原辰徳」の心を揺さぶったのだ。

孤立無援の戦場だった。六イニングを投げた桑田の失点は三だ。味方のエラーもあり、自責点は一。ピッチング内容に文句はない。むしろ、よく耐えた、よく凌《しの》いだ、という思いを嫌というほど感じさせた。

五回には無死満塁というチャンスを作りながら、仁志、高橋由、松井の上位打線が凡退していた。監督である私ですら、最低でも一点は取れるだろうと思っていたチャンスだった。マウンドにいる桑田のショックは、計り知れない。

さらに言えば、相手投手は横浜のエース・三浦だった。最小失点で抑えなければ勝てな

	1	2	3	4	5	6	7	8	9	計
巨人	0	0	0	0	0	0	0	1	1	2
横浜	0	2	1	0	0	0	0	0	×	3

【勝】三浦　1勝1敗0S　【S】斎藤　0勝0敗1S
【負】桑田　0勝1敗0S
【本塁打】江藤1号、ロドリゲス3号

いという考えが強いだけに、得点できなかったショックは増幅しただろう。

試合には負けたが、収穫は土壇場に追いつめられたベテラン右腕が見せた意地だった。その意地は、わかりすぎるほど、わかっていた。だから私の心を揺さぶったのだ。

私が監督に就任して間もない頃、渡辺オーナーと来季の戦力構想を話し合った。すでに槙原、斎藤といった大物投手の引退が決まっていた。説明するまでもないが、全盛期の桑田は彼らと並び称され「三本柱」と言われていた投手だった。

「桑田をどうする」

渡辺オーナーの問いかけは、重く感じた。監督の私が「必要ない」というのであれば、渡辺オーナー自身が私に泥を被《かぶ》らせることなく、桑田に引退を告げる覚悟があったのだろう。

「来年は戦力として考えています」

私の返事は決まっていた。ただ、戦力として考えているという言葉の中身は、少し違っていた。

桑田真澄。甲子園を沸かせたヒーローであり、その存在はこれまで残した数字以上の価値があった。斎藤、槙原以上に巨人軍への貢献度は大きい。

戦力として考えているという言葉は、厳密に言うとウソになる。桑田はまだまだやれるという思いも強く持っていたが、同時に、もう限界なのかもしれないとも思っていた。

どちらに転ぶか、賭けてみよう。チームの大功労者に対し、きちっとした「死に場所」を確保してやりたい。復活するか、引退するか、という賭けは、どちらに転んでも桑田自身にとってプラスになると考えた。桑田が投げて黒星を喫しても、相応《ふさわ》しい「死に場所」を作ってやるのが大功労者に対して私がやれることだと決めたからだ。

春の宮崎キャンプで、桑田を呼び出した。二人の間に駆け引きはなしだった。

「真澄、お前がマウンドに上がりたくないと言うまで、俺は先発で起用していくつもりだ。ただし、公式戦に入ったら、三試合か四試合。それで結果が出なければ、今後のことを俺と改めて話をしよう。お前ほどの投手を中継ぎで一軍に置いておくつもりはない」

「わかりました」

短い返事だが、私の覚悟と心意気は伝わったと思っている。

ここ数年、桑田が味わった屈辱はわかっているつもりだった。自ら「自分は先発タイプ」と公言しているように、抑えから中継ぎへと配置転換され、自分の力が発揮できないままだった。桑田の頭の中には、先発で長いイニングを投げるなら、ある程度の失点で抑えられるというシミュレーションがあるだろう。

ただし、全盛期の球威がなくなっているのも事実だった。辛《つら》い言い方をすれば、自分が望んでいる先発という「職場」が与えられなかったのも、仕方がなかった。

とは言うものの、野球人としての桑田は、生きていながら死んでいる状態だった。それならば納得できる「死に場所」を与えてやろう。桑田ほどの大功労者なら、相応《ふさわ》しい「死に場所」を作ってやるのも、私の使命だと思っていた。

三試合だ。三試合、桑田で負ける試合があってもいい。そう覚悟を決めた。先発する試合は開幕から六試合目。つまり先発投手の六人の中で、一番最後の順番だった。

もちろん、その三試合で生き返ったことを証明してほしかった。そして、桑田は生き返った。三試合の最初の試合で、素晴らしいピッチングを見せた。体が熱くなった。もう一段階、欲張りな願いだが、勝ち星をつけてやりたかったのだ。

試合後、次の登板まで十日以上空《あ》くので、桑田の登録を抹消した。数字を見れば、四月四日の中日戦で不甲斐ないピッチングをした高橋尚を桑田の代わりに抹消してもよかったのだが、桑田のピッチングを見ている高橋尚の奮起も促《うなが》したかった。

「本当なら、桑田さんが抹消されるんじゃなく、俺が抹消されてもおかしくなかった。しっかり投げないとだめだ」と高橋尚に思わせ、尻を叩きたかった。もちろん、間隔があく変則的な調整をうまくこなしてくれるのは、桑田だと思っていた。抹消する理由を説明すると、快《こころよ》く承諾してくれた。

次回の登板は、なにがなんでも白星をつけてやりたい。「死に場所」として与えた三試合は、エースの復活を証明する三試合にしてほしい。

▼4月9日　▼ヤクルト戦（東京ドーム）

心を打ち砕く

心が揺らぐ瞬間がある。勝負に勝つためには、この瞬間をどう突いていくかが重要になる。嫌な予感が大きく膨《ふく》らみそうになった時、マウンドにいたヤクルトの先発・山部が隙《すき》を見せたのだ。

初回は三者凡退に抑えられ、二回は無死一、二塁のチャンスを無得点に封じ込められていた。

「自分のリズムで投げるといいピッチングをする」

私の考える「山部評」だった。山部自身、調子に乗った自分がどういうピッチングができるのか、わかっているだろう。初回と二回のピンチを切り抜け「今日はいけるかもしれない」という気持ちが芽生えてくる。こちらが「やばい」と感じる瞬間でもある。そういう時にこそ、思わぬ勝負の分岐点が出現するのだ。

三回の攻撃は、投手の入来からだった。しかし、その入来にストレートの四球を与えた。タブーと言われている投手への四球だ。「今日はいけるかもしれない」という思いが、抑えて当然の投手だったことで、プレッシャーに変わったのだろう。微妙な指先の感覚を狂

	1	2	3	4	5	6	7	8	9	計
ヤクルト	0	0	0	0	0	0	2	0	0	2
巨人	0	0	5	0	3	0	0	2	×	10

【勝】入来　1勝1敗0S
【負】山部　0勝1敗0S
【本塁打】清原5号

わせた。ベンチにいる私も、まさか打撃の悪い入来が出塁するとは思っていなかった。

この隙をどう突いていくかが勝負の分かれ道になる。考えられる作戦は、いくつかあった。
一、打撃好調の清水に自由に打たせる。
二、コントロールに不安を見せ、動揺している山部のボールをじっくりと見極めさせ、カウントや状況に応じてエンドランをかける。
三、単純に送りバントをさせる。
一般的には、この三つの作戦のうち、一番積極的な攻撃は一で、次が二だと考えるだろう。私が取った作戦は一番消極的に考えられる三だった。

ふつう、送りバントというのは、面白みに欠ける手堅い作戦だといわれている。しかし、この場合での送りバントは、最も攻撃的な作戦だった。一番の攻撃ポイントは、山部の「心」だったからだ。

タブーを犯した山部の心に「お前はミスをしたんだ」ということを刻みつける。打撃好調で併殺の恐れがない俊足の清水が、あえて送りバントをする。「どういう意味だかわかるか？　俺たちはお前のミスにつけ込もうとしているんだぞ」そういう思いを込めた送りバントだった。

送りバントは成功し、続く仁志は初球を狙った。動揺する山部に立ち直る暇さえ与えない初球攻撃は、左翼線を破る二塁打になった。一点を先制した。「まだまだ終わりじゃないぞ」私の心に響いた声は、次の作戦を選んでいた。

三盗。サインを出すと、二塁走者の仁志はカウント一—二から走り、成功させた。自信はあった。山部のようなスローカーブを武器にする投手には、盗塁という作戦が有効になる。遅いボールというのは当然、キャッチャーミットに収まるまでの時間が長い。

コンマ何秒の違いだが、盗塁が成功するか失敗するかは、この差が大きい。ストレート主体の投手より、成功する確率が高くなる。たとえ失敗したとしても、盗塁するというプレッシャーをかければ、走者がいる時に得意のスローカーブが投げにくくなる。しかも動揺している山部は、二塁へ牽制球を投げる余裕もなくなっていたのだ。

消極的に見える送りバントは攻撃的な作戦で、博打《ばくち》的に見える三盗は成功する可能性が高い手堅い作戦だった。結果的に仁志が三盗したため、ヤクルト内野陣は前進守備を取り、高橋由の打った球は一塁手の頭上をワンバウンドで越え、二点目のタイムリーになった。もちろん、三盗して前進守備をしていなければヒットにもならない当たりだった。

今季の初対戦となる山部とは久しぶりの対戦だった。やや腕を下げ、スリークォーターに投球フォームを変えた左腕は、初対戦の投手だと思っていた。ただでさえ、巨人戦の前に先発した広島戦では六回三分の二で一失点。それだけにこの試合で打ち込まなければ、自信をつけて厄介な敵になる可能性が出てくる。「巨人戦には通用しないぞ」という意識を植えつけるために、心を打ち砕く必要があった。

結果的に作戦は的中し、会心の勝利だった。こういう勝利は今後、そう多くはないだろう。いや、多くないと決めず、多くしていこうと努力するのが大事だ。

勝負の恐ろしさ

▼4月10日 ▼ヤクルト戦（東京ドーム）

打つべき手は打った。八回のマウンドに今季からジャイアンツに移籍してきた前田を送り出した。先発して七イニングを無失点に抑えたワズディンに代えてのマウンドだった。交代期に迷いはない。頭の中で思い描いていた計算通りの起用法だったからだ。いや、正直に言えば、ワズディンがここまでいいピッチングをするとは思っていなかった。

前日の九日の試合では、考えていた作戦が当たり、会心の勝利。勝ち運に乗っている。自分の考えたことは、すべて思い通りか、それ以上の結果が残るような気さえしていた。

勝負の怖さを思い知らされた。八回から登板した前田が同点二ランを浴びた。そして九回の途中から登板した條辺が決勝の三ランを浴びる。たった二本のホームランで逆転負けだ。勝負事は最後の最後までわからないということは、わかっている。それでも鮮やかす

	1	2	3	4	5	6	7	8	9	計
ヤクルト	0	0	0	0	0	0	0	2	3	5
巨人	2	0	0	0	0	0	0	0	0	2

【勝】五十嵐（亮） 1勝0敗1S 【S】高津 0勝0敗4S
【負】前田 1勝1敗0S
【本塁打】宮本1号、池山1号

ぎるほどの逆転負け。絶対に勝てるとは決めつけていなかったが「自分の考え通りに進むんだ」という虫のいい考えは、アッという間に消し飛んでしまった。

監督業でいちばん、難しいのは投手の交代期だろう。この試合では、確かに結果は失敗に終わった。しかし、間違った継投だったのか？　自問自答してみたが、そうではなかった。完封ペースだったワズディンだが、七回のマウンドの投球内容に不安があった。二死を取った後、八番打者に四球を与えていた。それまでひとつの四球も与えていなかった投手が与えた四球だった。

投手にもよるが、四球の出し方というのは投手交代のヒントになる。突然、コントロールが定まらなくなるような剛速球タイプの投手ならまだしも、ワズディンのように制球力で勝負するタイプなら、四球の出し方は大きな目安だ。

あの場面の四球は、打順の下位打者で二死からのもの。ヒットで出塁されるのは仕方ないが、四球は悔いが残る。しかも一発の可能性が低い下位打者なら、思い切ってド真ん中に投げても、ホームランで得点される可能性は低い。つまり二重の意味で与えてはいけない四球だった。

四球の内容も、明らかに真っすぐの抑えがきかなくなり、ストライクが入らなくなったものだった。真っすぐの抑えがきかなくなると、ボールが高めに浮き、長打を打たれやすくなる。限界に近づいている兆候だった。

さらにワズディンは昨年、メジャーで中継ぎ投手として起用されていた。先発としてのスタミナには疑問符がつく。試合前には鹿取ヘッドコーチと話し合い「一〇〇球前後」をメドに交代させようと決めていた。まだ開幕したばかりで、無理をさせずに徐々に投球回数を増やしてスタミナ面の不安を取り除いていこうと決めていたのだ。

結果として裏目に出た継投だが、ミスをしたとは思っていない。後悔をするような失敗ではなかった。ここまで計算し、納得していても勝負事というのは一瞬にして結果が変わってしまう。勝負の怖さを再認識させられた。

今試合の内容を続けてくれれば、ワズディンも来日初勝利を挙げる日は近いだろう。ワズディン獲得に向けてビデオを見た時に「この投手を獲得してダメでも諦めがつく」と思い、フロントと一丸になって獲得した投手だった。

しかし、ただひとつだけ気になることがあった。必要以上に感情が表に出る。気迫を表に出すならいいが、それとは少し違う。試合が終わってベンチに帰ると、物を蹴飛《けと》ばしたり、大声を出したりするのだ。勝負が終わったあとにだ。

この手の選手に大物はいない。外国人選手を獲得する場合、こういったことまでわからない部分がある。メジャーにドラフト一位で入団しながら、ローテーション投手になれなかったのは、このような「弱さ」が原因だったのかもしれない。心の弱さを克服し、日本で成功してほしいものだ。

▼4月15日
松井に対する苦しい心情

東京から広島への移動日だった。ずっと話しておこうと決めていたことがあった。十三日に主砲・松井がフリーエージェントの権利を取得していた。空路で広島空港に着き、ホテルに帰ったら松井を部屋に呼ぶ。それだけ決めていた。

聞きたい話は、今のところない。まだ、結論など出ていないはずだからだ。この時、ある程度の結論が出ていたとしても、そんなものは今後、二転三転していくに違いない。私が考えていた言葉だけ、松井に伝えようと思っていた。

それは松井がどういう結論を出すかに関係ない。変わることのない考えだったからだ。

何の話をされるのか、松井もわかっていただろう。マスコミ報道も大騒ぎしていた。私の部屋に入ってきた松井の顔に表情がない。松井にしてみれば、残留への重い決断を迫るのではないか、と感じていたからだろう。

「俺の気持ちを話しておく。俺はお前と共に十連覇を目指していきたいと思っている。チームを常勝軍団にするために、大黒柱としてのお前の存在が必要なんだ」

時間にして十五分ぐらいだっただろう。最初に用意していただけの話をし、どのように考えているかは、一切聞かなかった。もちろん、松井の将来だけでなく、私が十年間、ジャイアンツの監督を務めている保証などない。だから、私の希望だけを話したのだ。松井もさすがに神妙な顔をして聞いていた。私の気持ちは伝わっていただろう。

姑息《こそく》なやり方だけはしないように、球団と話し合って決めた。周囲の人間を使ったり、圧力をかけるようなやり方をせず、正々堂々とやる。松井がジャイアンツにとって、いや、日本球界にとってどれだけ大事な選手なのかは、今更、説明する必要がないからだ。年俸面にしても、待遇面にしても、球界でトップ。誠意を伝えるしか方法は考えられなかった。

ただし、ジャイアンツに残ってほしいという気持ちを別にして、私には頭から離れない松井の言葉があった。

「ボクは小さい頃、そのチームで一番になるために頑張った。そして町で一番を目指し、県で一番を目指すようになったんです。今は日本で一番になれるように頑張っています」

評論家時代か、コーチ時代に聞いたかは、忘れてしまった。

「日本で一番になったから、今度は世界で一番を目指します」

そう言ってきそうな気がしてならない。どんなに消そうとしても、松井のその言葉は私の頭の中にこびりついている。

監督として難しい表現になるが、個人的に言わせてもらう。日本球界でどれだけホームランを打ち続けるのか、という興味と同じぐらい、メジャーで松井がどれだけやれるのかを見てみたいという気持ちがある。先発投手として野茂が活躍し、抑え投手として佐々木がメジャーで活躍した。野手では俊足で守備力もあるイチローが、メジャーでも十分に通用することを証明している。

ただ一点、日本人選手が外国人選手に通用しないと言われているのが、パワー面だ。その部分で日本でナンバー1のパワーヒッターの松井が、メジャーでも通用することを証明してほしいという気持ちがあった。

日本野球のレベルの高さを松井が証明し、日本球界を海外から盛り上げてほしい。松井がメジャー入りするなら、自分自身の夢を追うだけでなく、日本球界の夢も背負ってメジャー入りしてほしい。

現在のフリーエージェント制度は、私が選手会の会長を務めている時に提言してきた制度だった。当時はドラフトでも逆指名制度はなく、選手が行きたい球団を選ぶという権利は、どこにもなかった。プロ野球界のために何年も働き、貢献してきた選手になら、自由に球団を選べる権利を与えてあげたいという意向から始まった権利だった。

行きたい球団を選べる権利。しかし、金銭を上げるための制度のようになっていないか？　金銭というのは、その選手に対しての価値評価につながる。必ずしもそれだけではないが、高額な金銭がイコールその選手の高い評価になるのは確かだ。

だから私はフリーエージェントの選手を獲得する場合、最初に決めた条件を交渉の度《たび》に上げるような真似をしたくないと思っている。多少の誤差はあったにしても、最初に下した評価が球団としてのその選手への純粋な評価だし、その評価は他球団の出した評価によって変わるものではないからだ。

そういう毅《き》然《ぜん》とした態度があれば、チーム内における年俸バランスは大きく崩れることはないだろう。戦力補強も大事だが、内部の不平不満を少なくするのも、強いチームを作っていくうえで大事なことだと考えている。監督として私がどのようなフリーエージェント戦略を取っていくか、注目してもらいたい。

▼4月16日　▼雨天中止

雨戦略

降りしきる雨が、決断を迫ってくる。広島での練習中、ローテーション投手の顔が浮かんできた。試合ができるか、微妙な空模様だった。

早い時間に雨で中止になるのがわかっていれば楽なのだが、他球団が主催する巨人戦はそうもいかない。試合ができるかできないかによって、何億円もの違いが出るからだ。他球団に在籍したことがない私にはっきりとはわからないが、巨人戦に限っては試合開始のギリギリまで中止を決めないことが、他球団同士の対戦よりはるかに多い。

長年の経験でわかっているが、投手の管理をする監督という立場になると、考えなければならないことが多くなる。雨の日をどう乗り切るか、長いペナントを優位に戦うための大事な戦略になるからだ。

早い決断が、選手の肉体への負担を少なくする。この日の先発は入来だった。広島、阪神と続く遠征の六連戦は、すべて先発が決まっていた。試合が敢行されればそのままの順番でいいのだが、中止になった場合の方針を早い段階で伝えておくべきだった。トータルで考えていちばんいい方法、つまりいちばん勝てる可能性が高い戦略を考えた。

六連戦をひとつに考えた。四戦目の阪神戦の桑田は、動かせない。前回の登板で好投しながら一度、先発を外している。間隔が空《あ》いて調整も難しくなっている。そこに、もう一度先発日を動かすのは酷だろう。何より、一度先発を外れた意地にかけたいと思っていた。

三戦目のワズディンも前回の登板で好投していたし、五戦目はエース・上原で、六戦目は工藤だった。再び雨で中止になる以外、この四人の投手の先発は動かしたくなかった。

賭けに出た。試合が中止になると見込んでの賭けであり、投手の特性を重視してローテーションを決めた。話し合った鹿取ヘッドコーチが、練習中の入来に告げた。

「明日はスライドでいくぞ」

もちろん、この日の試合が中止にならなければ、という意味も含んでいる。入来という投手は、登板間隔が空くとよくないタイプだった。その反面、精神的スタミナと肉体的スタミナの両方を持っている。昨年などは、中一日で先発し、好投した実績もあった。先発前夜は誰も緊張する。寝つきが悪くなるものだ。スライド先発になれば、そんな日が二日も続くが、馬力のある入来ならクリアしてくれるだろう。

一方の高橋尚は、登板間隔が空いてもそれほど苦にするタイプではない。二人の先発投手の特性から、一番、負担のかからない選択をしたつもりだった。

広島から阪神と続く今遠征六連戦は、四月の正念場だった。打線では清原と仁志がケガで戦列を離れている。そしてここまで好調なチームとの敵地での対戦だった。負け越しだけは避けたかった。

▼4月17日　▼広島戦（広島市民球場）

期待以上

入来は、予想を上回るピッチングを見せてくれた。前日は、ついに試合開始の直前まで中止の決定が下らず、マウンドで投球練習をするまで引っ張られていた。そんな悪条件を考えれば、六回三分の一で三失点という数字は上出来だろう。好投してくれた入来に勝ち星はつかなかったが、チームは勝利できた。

▼4月19日　▼阪神戦（甲子園）
福井のライバルを励ます声

「何故、この俺をローテーションから飛ばしたんだ」「俺はまだまだやれるんだぞ」初回、アリアス、桧山のクリーンアップを相手に果敢に内角を突く桑田のピッチングが、私にそう言っていた。ベテランの反骨心に期待して託した先発マウンドは、私の想像以上の気迫で応えてくれた。

まさにピッチングの神髄《しんずい》だった。ただの内角球ではない。気迫の込もったボールというのは、相手打者に恐怖を与える。打者に踏み込ませない。簡単に言うと、打者に踏み込ませないということは、強い打球を打たせないことにつながる。

教科書に出てくるような投球フォームで、きれいな球筋の桑田のボールが「凶器」にな

	1	2	3	4	5	6	7	8	9	計
巨人	1	0	0	0	0	2	0	1	3	7
広島	0	0	0	0	0	2	1	0	0	3

【勝】條辺　1勝0敗0S
【負】ベルトラン　0勝1敗0S
【本塁打】清水2号、高橋由2号、ディアス4号

っている。言い方を変えれば、きれいな投球フォームときれいな球筋が、心の中に潜む「燃え上がるような闘争心」をストレートに表現している。

広い甲子園で一本の長打も許さなかった桑田は、九回無失点でマウンドを降りた。得点は〇—〇のままだった。阪神の先発はエースの井川で、簡単には得点できなかった。なんとかしたい。どうにかしたい。そういう思いを井川のピッチングが押し潰してくる。

そんな時、私の耳に威勢のいい声が響いてきていた。福井の声だった。

今試合のスタメンは、七番に十川《そがわ》を起用していた。単純に打ち崩すのが難しい井川に対し、機動力を使って揺さぶりをかけたかったからだ。最低でも三打席はチャンスを与えるつもりだった。しかし、十川は二打席三振。それでも福井の声は、ライバルでもある十川を励まし続けていたのだ。

「こいつならなんとかしてくれるかもしれない」

福井の声に、そんな雰囲気を感じた。七回の十川の打席で代打・福井を告げた。

延長十回、再び回ってきた打席で、福井の放った打球が左中間フェンスを越えた。勝ち越し本塁打だった。私の頭の中でしか描いていなかったドラマが、現実のものになった。桑田にも白星をつけてやれた。

	1	2	3	4	5	6	7	8	9	10	計
巨人	0	0	0	0	0	0	0	0	0	1	1
阪神	0	0	0	0	0	0	0	0	0	0	0

【勝】桑田　1勝1敗0S　【S】河原　1勝0敗4S
【負】井川　3勝1敗0S
【本塁打】福井1号

▼4月21日
戦いは続く

この遠征での六連戦は二試合が雨で中止になった。成績は二勝二敗。桑田の快投で二勝一敗とした時点で勝ち越しを狙ったが、エースの上原で負けてしまった。主力にケガ人が出ていることを考えれば、敵地でよく戦っていると言えるが、満足はできない。満足した時点で、油断が生まれてくるだろう。まだ一カ月も終わっていないのだから。

▼4月23日　▼ヤクルト戦（神宮球場）
心の引っかかり

興奮が残っていた。試合が終わり、帰り支度を整えて車に乗り込んだ頃、ふと試合を振り返る。六回が終わって二―五でリードされていた試合をひっくり返した。七回、八回、九回に一点ずつ奪い、延長十回に五点を取って決めた会心の逆転勝ちだ。

しかし、大きな喜びの中に小さな引っかかりのようなものが残っていた。何なのか？もう一度、試合を振り返った。

引っかかりのもとは、九回の攻防に隠れていた。一点をリードしたヤクルトは、守護神・高津をマウンドに送り込んでいた。一死後、その高津から阿部が同点ホームランを放った。この時点で試合の流れは完全にこっちのものだ。阿部のホームランを見てもわかるように、右のアンダースローに対し、左打者にはちょうどいい具合にホームラン風が吹いている。勢い任せに投手・岡島に左の代打・後藤を送った。

期待は呆気《あっけ》なく終わった。後藤も、清水も三振に倒れた。

九回裏のマウンドには酒井を送った。その酒井が二死一、二塁のピンチを招き、ラミレスにライト前ヒットを打たれた。二塁走者の稲葉は、高橋由の好返球でアウトになった。紙一重でサヨナラ負けを防いでいた。

間違えたのは、後藤の代打だった。後藤の力が不足しているのではない。勝負事で勢いは何よりも大事だが、両軍の残りの投手を考えれば、断然、優位に立っている。ヤクルトはリードし続けての戦いで、勝ち投手をつぎ込んでいた。ジャイアンツの残り投手は、河原、酒井、西山の三人。ストッパーの河原は、勝ち越した後か、同点で進んだ延長十二回の一イニングしか使えない。

酒井を信用していないわけではないが、緊迫した場面での経験もなく、力関係は明らかに岡島の方が上だ。ホームランに期待する勢い任せの代打を送らず、そのまま岡島にマウンドを任せるほうがベターな選択だった。九回に無理に勝ち越しを狙わなくても、どっし

	1	2	3	4	5	6	7	8	9	10	計
巨人	0	1	0	0	0	1	1	1	1	5	10
ヤクルト	1	1	2	0	0	1	0	0	0	0	5

【勝】酒井　1勝0敗0S
【負】ニューマン　1勝3敗0S
【本塁打】高橋由3号、二岡1号、2号、阿部1号、ペタジーニ8号

りと勝機をうかがえば、サヨナラ負けの危機は防げていた可能性が高かった。

監督が勝てたからよかったという、結果オーライの野球で喜んではダメなのだ。選手には結果が出て誉《ほ》めてやることも、一緒に喜んでやることもできる。結果がよければ、過程においてダメな部分があっても、その時に指摘してやれば素直に聞いてくれる。勝ち試合の中から反省点を見つけるのが、大切だと思っている。

少なくとも監督という立場は、現場のトップに位置している。小さな間違いにも耳を傾け、私自身がしっかりと反省していかなければならない。そうでなければ、本当に強いチームを作り上げることはできないだろう。

勢い

▼4月28日　▼横浜戦（東京ドーム）

いつもと違う雰囲気を作りたかった。試合前のミーティングから、それを意識した。いつもと同じ言葉でも、伝える側が気持ちを込めると違ったものになる。相手の先発投手は、エースの三浦だった。

「この一戦をものにすればチームは勢いに乗れる」

確信めいた考えがあった。漠然とした根拠もある。劣勢と言われる試合をひっくり返した時、勢いは生まれるからだ。

ただ打つだけでは、攻略できない厄介な投手だった。三浦の投球動作は、上げた左足を二度上下させてから投げる独特の投球フォームだ。ゆったりとした動作から切れのある真っすぐと変化球を絶妙なコースへコントロールしてくる。

打者のタイミングを外すクレバーな投球術もあり、マウンド度胸もある。ただし、弱点があった。いや、弱点とまでいかないかもしれないが、つけ入る隙《すき》がある。ゆったりとした投球フォームは、走者を出した時に同じフォームで投げられなくなる。クイックモーションが、あまり上手なタイプではないのだ。

攻略するために重要な作戦は、機動力を使った攻撃だった。ただし、そう簡単に走者を出すような投手ではない。数少ないチャンスで、果敢なアタックが必要になってくる。サインを出す監督のタイミングと、それを伝達するコーチの間にも緊張感が生まれる。

走者がいる時の打者も、自分勝手に打てなくなり、走者にも相当なプレッシャーがかかってくる。選手とベンチがひとつになって、集中力を高めなければ倒せない相手だった。そのためにミーティングでは、機動力を使った攻撃を多用することを改めて告げ、緊張感を高めたのだ。

試合は序盤、中盤が過ぎていった。走者が出れば、盗塁やエンドランといった機動力を

	1	2	3	4	5	6	7	8	9	計
横浜	0	0	0	0	0	0	0	0	0	0
巨人	0	0	0	0	0	0	1	0	×	1

【勝】高橋尚　1勝0敗0S　【S】河原　1勝0敗6S
【負】三浦　2勝4敗0S

絡めた。盗塁も一度は成功した。それでも、得点には結びついていなかった。七回、打順は三浦と投げ合っている先発の高橋尚だが、完封している左腕に代打を出すわけにはいかない。ここでベンチが動くのは、我慢できなくなって動くように思えたからだ。そうやって動くのは、嫌いだった。簡単にツーアウトになった。

ひとつ我慢を重ねた直後に「時」が来た。動く「時」だ。清水がセンター前に弾《はじ》き返した。サインを出す。盗塁のサインだった。

相手バッテリーも走ってくるのはわかっている。プレッシャーはかけ続けている。走る側も重要な場面だが、守るプレッシャーと攻めるプレッシャーは、天と地ほどの違いがある。打者・二岡の三球目に盗塁を成功させた。一球、ファールになった後、二岡がライト前タイムリーを放ち、決勝の一点が入った。

選手とベンチが一丸となって摑《つか》み取った勝利だった。この試合はゴールデンウィーク期間の九連戦の六試合目だった。厳しい日程の上、清原、仁志に加え、入来までが戦列を離れている。入来のケガは、不注意から起きたケガだった。本人には監督室に呼び出し、きつく注意していた。

チーム全体にも、どこかに油断があったのだろう。下降線になりそうなピンチをうまく乗り切れば、逆に勢いがつく。戦っている全員の集中力も、見事だった。

これで乗っていける。確信した試合だった。

▼5月5日 ▼横浜戦（横浜スタジアム）

優勝の運命を賭けた男・河原

何もなかったような顔をして、いつもベンチに帰ってくる。守護神・河原は、最後の打者・鈴木尚を三振で討ち取った。見事な投球だった。ストッパーの選択に間違いはなかった。その気持ちは、開幕から一カ月を越えて、全く揺るぎのないものになっていた。

監督に就任して真っ先に頭の中に浮かんだ仕事は、ストッパーの選択だった。昨年は中継ぎ陣が打たれ、優勝を逃したと言われた。中継ぎ陣の顔ぶれを思い浮かべ、他チームと比べてもさほど力が劣っているとも思わなかった。原因は、しっかりとした役割分担が確立されていなかったからだ。そこで最も重要なのが、ストッパーの存在だった。

絶対的なストッパーが存在すれば、中継ぎの順番を決めるのに苦労しない。また、一点でもリードしたままで最終回までいけばなんとかなるというチームの連帯感を強くする。それだけ重要なポストでもあり、ストッパーの任命がV奪回への最重要課題だと考えたのだ。

誰でもできるポジションではない。私なりのストッパーの条件を挙げた。

一、速い真っすぐがある。

二、三振を取るウイニングショットがある。

	1	2	3	4	5	6	7	8	9	計
巨人	0	0	0	0	2	0	0	0	2	4
横浜	0	0	0	0	0	0	1	0	0	1

【勝】高橋尚　2勝0敗0Ｓ　【Ｓ】河原　1勝0敗8Ｓ
【負】三浦　2勝5敗0Ｓ

三、連投ができるスタミナがある。

四、マウンド度胸がある。

すべての項目をクリアしているのは、上原だけだった。この時期、外国人投手の獲得を目指していたが、いくらメジャーでの実績があっても、性格もわからず、日本の環境に馴《な》染《じ》めないかもしれない外国人選手にストッパーを任せるつもりはなかった。

上原を抑えに転向させ、結果的に優勝を逃すことになっても悔いはない。ストッパー不在という同じ過《あやま》ちを繰り返し、優勝を逃すことのほうが悔いが残る。強い決意を持って、上原に抑え転向を言い渡すつもりでいた。

春の宮崎キャンプで、上原と私の闘いは始まった。どういう調整をしてきたのか、どういう調整をするつもりなのか、じっくりと観察した。少しでも隙を見せれば、抑え転向を言い渡すつもりだった。走る姿。投げる姿。練習に取り組むどの態度を見ても隙がない。先発投手として、エースとしての自覚が溢《あふ》れていた。圧倒された。この今季にかける執念の凄《すさ》まじさがあれば、エースとして先発を任せられる。私の負けだった。

白紙に戻し、次のストッパーを探した。目についたのは、河原と入来だった。しかし、それぞれに不安点があった。河原は手術の経験があり、三の項目に疑問があった。入来はカッとなりすぎる気性があり、四の項目で疑問があった。どちらの投手が課題を克服できるか、どちらの投手が抑えに向いているか、どちらの投手が先発に向いているか、がポイントになった。

私の決断は、河原だった。入来がダメだというのではなく、入来の馬力を重視した。中三日、中四日で先発できる入来の馬力は、先発ローテーションが苦しくなった時に必要になる。上原は力投型で、間隔を空けたほうが力を発揮するし、工藤と桑田はベテランだった。高橋尚も、馬力型ではなかった。

河原に連投が耐えられるか、正直、やってみなければわからない。しかし、コーチとして三年間、河原を見ていて「やれる」と判断した。まず、中継ぎで打たれた時は、準備が不十分な時だった。きちっとした準備ができていた時には、ほとんど打たれたことがなかった。

もうひとつ、生活のリズムが抑えに向いていた。これは私独自の考えだが「大酒呑み」は、ストッパーに不向きだと感じていた。大酒呑みで長い間、ストッパーをこなしていたのは、佐々木（マリナーズ）ぐらいだろう。河原の生活はこちらが心配になるほど、外出しない。遅くまで酒を呑んだくれたという話は、ほとんど聞いたことがない。

ストッパーは同じリリーフでも、中継ぎよりも起用法がはっきりしている。「勝ちゲームの一イニング」という起用法を守れば、クレバーな河原はきちっとした体調管理をし、連投もこなしてくれると判断した。

宮崎キャンプの第二クールで監督室に呼び出し、本人に告げた。

「わかりました」

いつも変わらない表情が、変わったように見えた。相変わらず口数は少なかったが、その表情は決意に満ちた表情になっていた。翌日からは、練習法も変えていた。当初、各方面から反対の声が上がっていた。直接、私は耳にしていないが「河原は抑えは無理。潰れてしまう」という声だった。河原がストッパーをこなせなければ、それは私の判断ミスだ。V奪回への命運を託した男だった。

▼5月7日　▼中日戦（ナゴヤドーム）

執念が生む力

全身を縛り付けていた力が、別の力に変わっていった。初回に一点を先制し、すぐに同点に追いつかれた。マウンドの武田が、大きく息をしている。まだ初回。疲れているわけではない。大きく吐き出す息とともに、プレッシャーを吐き出していくようだった。

立ち上がりに一点を失い同点にされたが、後続を討ち取った。味方打線が三回に一点を取り、五回には四点を追加した。武田は踏ん張っている。点差が開いた六回にソロを打たれたが、六イニングで二失点。投げるボールには、怨念にも似た執念がこもっていた。追いつめられたベテランが、自分を追いつめた敵に、力を誇示しているようだった。

この日の中日戦の先発は、入来が戦列を離れた時点で決めていた。昨年、武田は中日から巨人に移籍してきたベテランだった。言い方は悪いが、移籍といっても中日を解雇され、巨人に拾ってもらったという形だった。

私の監督就任が決まり、中日の監督を辞任していた星野さんから電話が掛かってきた。

「武田はまだ使えるぞ。巨人で面倒をみてくれんか」

この時、まだ星野さんは阪神の監督ではなく、中日の新監督は山田監督が就任していた。その山田監督の戦力構想に、武田の名前はなかった。星野さんからの電話をもらったが、その言葉をそのまま鵜呑《うの》みにできない。実力があれば、解雇になっても移籍先には困っていないだろう。そして武田という男が、どういう性格をしているか、全く知らなかった。

「武田と話をさせて下さい。その上で判断します」

即断できなかった私は、星野さんにそう伝えた。

電話での会話だが、たわいもない野球談義にも執念がこもっていた。「まだ野球を続けたい」という執念は、中日に対する恨みのような響きを含んでいる。これは力になる、と感じるものだった。

しかし、あれだけの実績があり、年俸も安くはない。我が儘《わがまま》を言われ、チームの「和」を乱したくない。あまりに年俸が高いと、チームのバランスが悪くなる。若返りを図ろう

	1	2	3	4	5	6	7	8	9	計
巨人	1	0	1	0	4	0	0	0	0	6
中日	1	0	0	0	0	1	0	0	0	2

【勝】武田　1勝0敗0S
【負】紀藤　1勝2敗0S
【本塁打】福留5号

としているチームの方針に、武田の存在は正反対とも言える存在になる。起用法から年俸の面まで、私の考え通りにやるという条件を付け、フロントに「お願い」する形で移籍が決まった。

きっと辛かっただろう。春の宮崎キャンプでは、中継ぎとして調整させた。オープン戦でも、結果を残した。しかし、若手の育成やメンバー構成を考え、開幕の一軍ベンチに置けなかった。開幕二軍を言い渡しただけでなく、中継ぎから先発としてやるように、調整の変更まで言い渡した。

武田は、私との約束を守った。二軍で腐るどころか、練習後の球拾いも率先してやった。球拾いをしなかった鄭《チョン》を呼び出し、怒鳴りつけたという報告も上がっていた。「どんなボールを投げているか」という報告よりも、実績のあるベテランが私との約束を守って頑張っている、という事実のほうが嬉しかった。「どんな結果を出すか」よりも、ひたむきな努力を続けているベテランの頑張りに応え、チャンスを与えたい。そんな矢先に入来がケガをし、武田の昇格が決まったのだ。

先発させる相手は、古巣の中日戦だ。登板間隔のタイミングも合っていたし、もともと武田を先発させる時は中日戦と決めていた。あの執念が力になるからだ。全盛期の球威はなくても、その執念が空回りしない術は持っている。それでなければ、ここまで勝負の世界で生きてこれなかったはずだ。

「今日は武田が先発する。みんなも知っているように、武田は中日から移籍してきた投手だ。なんとか楽に投げられるように援護してやってくれ」

全員が集まるミーティングは、張りつめた空気に変わった。打線は奮起し、そして私が考えた以上のピッチングを武田は見せてくれた。

ただし、チームを預かる監督として、冷静な分析もしなければならない。あの執念とあの気迫は、長続きするものではない。一度限りになる可能性を含んだものだった。桑田の復活とは違う。桑田は鹿取ヘッドコーチから教わったチェンジアップという新兵器を完全にマスターしていた。技術的に根拠がある復活だった。

約束を守り、意地を見せてくれた武田に感謝さえしている。生き残りを賭けた勝負の場は、また与えてやれる。監督の立場で約束できるのは、ここまでだった。

▼5月16日　▼ヤクルト戦（東京ドーム）

見えない効果

大きなため息が、心を咎《とが》めた。どういう種類のため息なのか？　私の心の中に悔いはない。しかし、ファン心理というものは、私の考えだけで処理してはいけないものだ。一点をリードされた九回裏二死一塁から、盗塁のサインを出した。代走の鈴木は、二塁でアウトになった。それで試合は終わっていた。

呆気ない幕切れに漏れたため息なのか、盗塁失敗へのため息なのか、負けてしまったため息なのか……。そのすべてが合わさったため息なのだろう。ただ、作戦として間違っていない。私にできるのは、ため息をついたファンに、納得してもらえるように説明することしかない。

得点差は一点で、アッという間にツーアウトになった。ヤクルトのマウンドは右のアンダースロー高津で、七番の仁志に代えて、後藤を代打に送った。レフト前ヒット。すかさず、チームナンバー1の俊足・鈴木を代走に送っていた。

ツーアウトで打順は下位。シングルヒットが続いて得点するには、最低でも二本のヒットが必要になる。得点圏に走者が進めば、ヤクルトの外野陣は前進守備を取り、ワンヒットでホームまで帰ってこれないかもしれない。それならば鈴木の足に賭け、一本分のヒットを「省略」したかった。ヒット＋ヒット＝得点より、盗塁＋ヒット＝得点のほうが、同点に追いつく可能性は高いと判断した。

一発を期待するような野球は、あまり考えたくなかった。特に八番の阿部は、今試合までに放ったホームランは一本だった。阿部がホームランか長打を打つ可能性は、非常に低い。

	1	2	3	4	5	6	7	8	9	計
ヤクルト	0	1	0	0	0	0	0	0	0	1
巨人	0	0	0	0	0	0	0	0	0	0

【勝】ホッジス　4勝2敗0S　【S】高津　0勝1敗10S
【負】桑田　2勝3敗0S
【本塁打】岩村4号

阿部でなく、どんなホームランバッターでも、その一打席にホームランを打つ可能性は一割にも満たない。得点差、相性、その時の打者の調子、相手チームのリリーバー陣の顔ぶれなど、状況にもよるが、打者が四番の松井でも走らせようと思っている。

例えば、二死一塁で松井が打席に立ったとする。もちろん、走者にもよるが、警戒しなければ盗塁のサインを出す。成功して一塁ベースが空けば、松井は歩かされる可能性が高くなる。

だが、走者が一塁のままで松井がホームランか、長打を打って得点する可能性と、松井が歩かされ一、二塁となったあと、五番打者がシングルヒットで得点する可能性のどちらが高いだろうか?

答えは明白だろう。

相手バッテリーは、松井にボール臭い球を投げて歩かせてもいいという手段に出る可能性も高くなるが、それを乗り越えるのも四番打者の使命で、乗り越える力も持っている。松井にとってプラス面もある。こういう野球を実戦していけば、ほかにも効果は出てくる。相手が「ジャイアンツは打者が松井の時でも走ってくる」と警戒すれば、配球もストレート系の球が多くなる。球速の遅い変化球を投げるより、盗塁を阻止しやすいからだ。当然、松井も配球が読みやすくなるのだ。

さらに投手はクイックモーションで投げなければいけない。クイックが苦手な投手は球威が落ちたり、制球が乱れたりする。何より、自分が持つ本来のリズムで投げられなくなるのだ。牽制球が苦手な投手に効果は絶大で、打者だけに集中できなくなる。

盗塁とは、投手がクイックモーションで投げ、捕手がいいスローイングをすればアウトになるようにできている。しかし、極端な言い方をすれば、絶対にアウトになる状況で走ってアウトになっても「ジャイアンツはどんな状況でも走ってくる」というプレッシャーをかけられる。長いペナントレースを優位に戦うため、盗塁から生まれてくるメリットは多いのだ。

巨人戦は注目度も高く、特に人気と実力を兼ね備えた松井の打席で盗塁をさせ、失敗でもすれば批判の声は大きい。「松井の打席をじっくり見たいし、じっくりと打たせてやりたい」という心理が働く。松井の打席で盗塁させた時、結果は関係なしに評論家から批判を受けたことがある。

しかし、四番打者の前だから盗塁はしないというチームは、セ・リーグにはない。そんな野球は、もう古いのだ。私の方針はチームにも説明してあるし、松井も納得している。ひとつでも前の塁に進もうとする意識も、強くなってくる。

「絶対に走ったらいけない場面はない」

ファンの皆さんにも、納得してもらいたい私の方針だった。

▼5月21日 ▼阪神戦（甲子園）
野球とは筋書きを作るドラマ

幾通りかのシミュレーションが行われた。代打陣の名前を思い浮かべ、パズルのように当てはめていく。ひとつひとつ組み立てる度に、相手がどう出るか、というのを予想した。相手がいちばん嫌がる作戦が、ベストの作戦ではなかった。

七回裏の攻撃を先発・工藤が無失点に抑えてくれた。その間、私の気持ちは八回表の攻撃に向いていたのだ。

点差は三点ビハインドされていた。阪神の先発は藪で、ここまで完封されていた。しかし、球威も落ち、へばりも見えている。こういうケースでの先発投手の交代は、非常に難しい。八回表の攻撃は、七番の仁志から始まる攻撃だった。

左の代打は、斉藤と後藤だった。まずは打撃に精彩を欠いていた仁志と、九番で先発投手だった工藤のところに代打を送ることを決めた。問題なのは、代打の順番だった。仁志のところに誰を起用するか。

「代打・後藤でいきましょう」

吉村打撃コーチの進言だった。後藤で突破口を開き、代打の切り札・斉藤で勝負をかけるつもりだろう。間違った選択ではない。後藤と阿部が凡打したとしても、斉藤はここ一

	1	2	3	4	5	6	7	8	9	計
巨人	0	0	0	0	0	0	0	6	0	6
阪神	0	2	1	0	0	0	0	0	0	3

【勝】工藤　3勝4敗0Ｓ　【Ｓ】河原　1勝0敗9Ｓ
【負】藪　5勝2敗0Ｓ
【本塁打】濱中6号

番のためにベンチに残しておくこともできる。

しかし、私の決断は違った。

後藤と八番の阿部のどちらかが出塁しても、九番で斉藤を代打に送れば、左投手にスイッチされてしまう可能性があった。しかも、どちらかの走者が二塁に進塁していれば、敬遠される可能性もある。打撃好調の斉藤を「無駄駒」にしたくなかった。

ならば、代打の順番を逆にしたらどうか？　仁志のところに斉藤を代打に送っても、真っ向から勝負してくれる。斉藤と阿部が出塁していても、九番に送った代打が後藤ならば、そのまま藪で勝負してくる可能性が高い。へばりが見える今の藪ならチャンスはある。藪ほどの実績があり、ここまで無失点で抑えていれば、交代はしにくいという読みがあった。

吉村コーチの進言した代打策は、うまく勝負してくれればいちばん効果的な作戦だった。しかし、それだと相手ベンチも思い切った作戦が取れる。左の代打を送った時に、左投手にスイッチされたくなかった。二人の代打を効果的に起用できる順番を選択し、斉藤、後藤の順番で代打を送った。

シミュレーション通りに、試合は進んだ。シミュレーション通りというのは、二人の代打に対して勝負してくれたというところまでだ。実際には、斉藤、阿部、後藤が三連打。私の予想を上回る結果を残し、一点を返した。こうなると敵地・甲子園の阪神を応援する声までが、自分たちを応援してくれる声のように聞こえてくる。打順は一番に返り、清水が四球で満塁になった。

二番・川相に送る代打は、元木にした。右の代打では清原も残っていたが、下半身をケガしている。全力で走れない状態だった。「全力で走るな」という指令を清原に出しているが、ゴロを打てば全力で走る恐れがある。併殺よりも怖いのは、清原がケガを悪化させることだった。それは避けなければいけない。

もうひとつ付け加えるなら、藪という投手の特性を考え、この場面では代打・元木が最上の選択だと思った。藪は強気に内角を突く投手で、一発の可能性も低く、足の遅い元木の顔を見れば、間違いなく併殺を狙って内角を攻めてくる。

「いいか、大介。藪は必ずインコースに投げてくるピッチャーだ。外角へ三球、ストライクを投げられたら、見逃し三振して帰ってこい。勝負に来るインコースのボールだけを狙っていけ」

狙い球を絞るのが上手《うま》い元木なら、私の囁《ささや》いたアドバイスがなくてもインコースの球に的を絞ったかもしれない。しかし、実際に監督が具体的なアドバイスを告げてやることで、さらに思い切ったスイングができるだろう。肝っ玉のすわった元木だが、さらに楽にしてやりたかった。「あの時、なんでアドバイスしてやらなかったのだろう」という悔いを残さないための、自分自身のためのアドバイスでもあった。

初球だった。さすがに藪も、渾身の力をボールにそそぎ込んでいた。元木も果敢に打っていった。差し込まれた。しかし、内角一本に狙いをつけていた元木のバットは、詰まりながらもセンター前に持っていった。同点タイムリーになった。

まだ同点だが、勝負は決まったようなものだった。続く高橋由が勝ち越しの犠牲フライを放ち、その後も得点を加え続けて一挙六点を奪った。監督として、会心の勝利だった。

「野球とは、筋書きのないドラマ」と言われるが、私の考えは少し違う。筋書きがないのはダメで、筋書きはシミュレーションし、作っていくものだ。

ドラマを構成していくのが監督であり、実際に実行していくのが選手であって、いいドラマはそこから生まれてくる。そこには当然、ドラマにならないものも出てくる。ただ、いい仕事をしてくれた選手には、本当に感謝している。「ありがとう」という言葉が、素直に出てくる。みんなが喜んでくれるような素晴らしいドラマをこれからも作っていきたい。

▼5月26日　▼広島戦（広島市民球場）

岡島よ、やられたら、やり返せ

すでに先発した高橋尚は、マウンドから降りていた。六―一でリードしていた七回に二点を奪われ、條辺にリリーフを仰ぎ、三失点の内容だった。まだ三点をリードしているが、試合の流れは広島に傾いている。強打・広島打線で、球場は狭い広島市民球場。三点差は、あってないようなものだった。

にわかに、広島ベンチが活気づいた。八回裏のマウンドへ「岡島」を送り出したからだ。前日の二十五日には、二点リードした八回から岡島をリリーフに送り、三点を奪われ逆転負けを喫していた。同じようなシチュエーションで、広島ベンチが「今日もいけるぞ」と思うのもわかっていた。しかし、誰もがピンチだとわかる修羅場こそが、岡島を救う場所だった。

「やられたら、やり返せばいい。岡島、やってみろ。あいつらにお前の本当の力を見せてやるんだ」

心の中の叫び声だった。岡島には、届いている。

「岡島が汚名返上するには、絶好のチャンスじゃないか」

もう一度、心の中で声が上がった。

「負けたままで終わるな」

声に出して岡島に言ったのは、それだけだった。采配に迷いはなかった。相手がチャンスだと思ったところで潰す。それが修羅場を乗り越えるということだ。

広島打線の勢いが、内野陣の動きを悪くした。無死から一塁へ転がった打球を一塁手の

	1	2	3	4	5	6	7	8	9	計
巨人	0	2	0	1	0	2	1	0	0	6
広島	0	0	0	0	0	1	2	0	0	3

【勝】高橋尚　5勝0敗0S　【S】河原　1勝0敗11S
【負】長谷川　3勝2敗0S
【本塁打】高橋由8号、松井10号、木村拓2号

斉藤がファンブル。先頭打者が、エラーで一塁ベースに立った。呑まれていないか？　私の目は、岡島から離れなくなっていた。斉藤に手を上げている。気にするな、というジェスチャーだった。表情は？　闘う男の目をしていた。

ロペスを一塁のファーストフライ。前田をショートフライ。新井を三振に討ち取った。味方に足を引っ張られながら、踏みとどまった。広島の勢いを断ち切ったのだ。役目を果たし、チームは逃げ切り勝ちを収めることができた。

岡島にチャンスを与えたのは、私の頭の中だけから出たのではない。逆転負けした前夜の試合後、甲子園球場から帰るバスで、岡島がやってきた。「監督、申し訳ありませんでした」バスの最前列に座っている私の横で、頭を下げた。その気持ちがあればいい。謝罪した目は、死んでいなかった。後はやり返す機会を私が与えてやればいい。またとない機会は、すぐ翌日に訪れたのだ。

長いペナントレースを戦っていくうえで、今の時期は「やられてもやり返す力」を持つ選手の見極め期間でもある。多少のリスクを負っても、それを見極められればいい。マイナスをプラスに変える力を持つ選手が、これから先の苦しい戦いで、チームを救ってくれると信じているからだ。

岡島が逆転負けを喫した試合は、エース上原が投げていた試合だった。七回を一失点で、球数もわずか八十六球での交代だった。正直、上原には「悪いことをした」と思っている。

七回の内容はよかったが、それ以前の投球内容に疑問があり、辛抱できなかったのだ。

七回という先発投手の責任イニングをクリアしていたのも、思い切った交代を決意した理由だった。「上原はただの先発投手ではない。ウチのエースなのだ」私の肝に銘じておこう。上原自身も「この次は交代させられないようなピッチングを見せてやろう」という気概を持っているはずだ。

選手を信頼し、それに賭ける。悔しい思いのままで終わってしまうのか？ それを跳ね返せるのか？ 選手だけでなく、私にも問われていることだった。マイナスをプラスに変える心意気は、チームの強い武器になる。

▼5月29日 ▼ヤクルト戦（神宮球場）

嫌な敵・古田

いつかはくると覚悟していた。一点をリードした九回裏一死一塁、ラミレスの打球がバックスクリーンの右に飛び込んでいた。今季十六イニング無失点を続けていた守護神・河原の初めての失点が、逆転サヨナラホームランになった。

「いつかはこういう日が来る」と思い続けていた。強がりではなかった。ただ、逆転サヨナラ負けを演出した敵の姿が、強烈に焼き付いていた。その敵の名前は、サヨナラアーチを放ったラミレスではない。ヤクルトの大黒柱・古田だった。

投手陣から絶大な信頼を得ているリードはもちろん、打撃もしぶとく勝負強い。しかし、古田のいちばん厄介なのは、タフな闘争心だろう。この試合でも、そのタフな闘争心がラミレスの一撃を導いていた。

○―○のまま、九回の攻防に入った。表の攻撃では、松井がソロを放っていた。均衡を破ったのは四番打者で、最も勢いがつく一発で得点していた。そして八回まで無失点に抑えていた入来に代わり、マウンドには河原が上がる。試合の流れがどちらに傾いたかなど、説明するまでもない試合だった。

その河原が、副島を見逃し三振に討ち取った。三振に取った外角のストレートは、球威もキレも、文句のつけようのないボールだった。試合を見ていたヤクルトファンも、絶望感に襲われただろう。

したたかな読みなのか、正確にはわからないが、古田は絶好調の河原のストレートを待っていた。しかも、インコース一本に狙いをつけていた。ふつう、一点差ゲームでは、一発を打たれにくいアウトコースへの配球が多くなる。それでも古田は、副島を三振に討ち取った球威抜群のストレートを見て「この球で強気に内角を攻めてくる」と読んだのだろう。河原と阿部のバッテリーも、古田の予想通りに強引に攻めていった。

	1	2	3	4	5	6	7	8	9	計
巨人	0	0	0	0	0	0	0	0	1	1
ヤクルト	0	0	0	0	0	0	0	0	2×	2

【勝】藤井　4勝1敗0S
【負】河原　1勝1敗11S
【本塁打】松井11号、ラミレス9号

河原の内角高めのストレートは、一四七キロをマークした。インコースの真っすぐ一本に絞っていなければ、手が出ない球だった。しかし、古田は体を開き、フルスイングしてきた。やや詰まってはいたが、センター前に弾き返していた。

このヒットが、河原の指先を狂わせた。「一歩間違えば、ホームランにされる」という恐怖を植えつけたのだ。ストレートを投げる恐怖心が、バッテリーに変化球を選択させ、不安の中で投げたボールはミスを生んだ。ラミレスに打たれたボールは、落差がなく、高めに浮いたフォークボールだった。失投だ。

ラミレスと河原の力関係を比較すれば、自信を持って投げたストレートなら討ち取れている。不安もなく、思い切って腕を振って投げたフォークならしっかりと落ちて空振りしていただろう。勝負を決めたのは、ラミレスのホームランではなく、河原に恐怖心を植え付けた古田のヒットだった。

試合後、目と目が合った河原にウインクをした。責めるつもりはない。敗戦の責任を咎める者は、チームにはいないだろう。試合の上でサヨナラ逆転負けというのは堪《こた》えるが、ここまでチームを引っ張ってきた河原が打たれた試合であれば、いい意味で諦めもつく。

絶対的なストッパーを作りたかったのは、チームにショックをショックと感じさせない効果も期待したからだ。プロ野球界で防御率が〇点のままシーズンを終了した名のあるストッパーはいないのだ。

今試合では、ジャイアンツに傾いた試合の流れの中で、古田が本領を発揮しただけだ。反骨心というか、特に巨人戦では、目の色が違う嫌な敵だ。精神面においても、技術面においても、長年、ヤクルトを支えてきたのも頷《うなず》ける。

ただ、厄介な敵と戦うことで、チームは成長する。投手は古田に打たせない。打者は古田の配球に抑えられないように技術を磨き、配球も研究すればいい。古田が巨人戦に闘争心を駆り立てるのなら、それ以上の闘争心を持って戦えばいい。

▼5月31日　▼広島戦（東京ドーム）

チームは「生き物」

迷いを断ち切った。同点で迎えた七回裏、ツーアウト三塁。ここまで好投していた桑田に代え、代打を告げる時だった。頭にあった名前は「仁志」と「清原」だった。

初志貫徹。踏ん切りをつけて「仁志」の名前を告げた。ケガをしているわけでもなく、仁志は今試合のスタメンから外していた。理由は打撃不振だ。勝ち越しへのチャンスで、打撃不振でスタメン落ちしている仁志を打席に送ったのだ。

広島のマウンドにいたのは、エース・黒田だった。五月二十四日の試合でも、完封負けしている右腕だ。ここまで先発の桑田も二失点で抑えていたが、ランナーが得点圏にいる時に打席が回り、交代は仕方ない決断だった。

代打には、左では後藤が残っていたが、ツーアウトになってしまったこともあり、ここで起用するつもりはなかった。広島には右のサイドスロー・小山田がいて、左の代打は残しておきたかったからだ。

仁志と清原の選択だが、代打の切り札的な存在でいるのは、清原のほうだった。足の状態が不安であるが、ツーアウトからなら、凡打しても走る必要がない。左打者の後藤を温存するなら、セオリーでいけば仁志でなくて清原のほうだろう。

しかし迷ったすえに、仁志に決めた。これは、開幕前から決めていた私独自の起用法だ。レギュラーには「特権」があると思っている。たとえ打撃不振でスタメンから外れている時でも、ここが出番だと思えば、セオリーを無視してでも起用するのだ。仁志のように、長年レギュラーとしてチームに貢献してくれた選手であればなおさらだ。

仁志の心の中は、今、当然「悔しい」という気持ちが燃え上がっているはずだ。こういった熱い魂は、調子が悪くても大仕事を成し遂げるパワーに変わる。それに「ここぞ」という場面で打てば、スランプ脱出への糸口にもつながる。

結果的に、仁志はセカンドゴロで終わったが、これが私が考える「競争原理」だ。冷たい言い方だが、選手の力が衰えてきた時や、ケガをして調子が戻らなくなった時でも、私

	1	2	3	4	5	6	7	8	9	計
広島	0	0	0	0	0	0	2	0	0	2
巨人	0	0	0	2	0	0	0	0	1×	3

【勝】岡島　3勝1敗0Ｓ
【負】黒田　2勝2敗0Ｓ
【本塁打】金本6号

はレギュラーだった選手を使い続ける。

だが、それでも結果が出なかった場合は、本人に納得してもらうしかない。二軍での調整なり、引退という結論を自らひきだすべきだ。それが不平不満をなくし、チームの「和」を保つための最善策だと信じている。

五月三十日のヤクルト戦では、仁志と同じように打撃不振でスタメンを外れた江藤が勝ち越し二ランを打っている。ボールに向かっていく姿勢を見れば、悔しさを爆発させたホームランだった。

チームは「生き物」だ。将棋の駒のように、いつも同じ動きをするわけではない。しかし状況が変われば、思わぬ力を発揮することもある。しっかりした理由がなければならないが、勝つためにはセオリーを無視することもある。「生き物」は、そういうことを繰り返して成長していくのだ。

▼6月13日　▼ヤクルト戦（東京ドーム）

清原と私の意地

切実な思いだった。七回が終わった時点で〇―五でリードされていた試合は、清水のソロホームランなどで、九回までに二点差に詰め寄っていた。走者が一人でも出れば「五番、ファースト・斉藤」のところへ、代打を送ることができる。一発出れば同点になる。ベンチには、大仕事をやってくれそうなオーラを発している男が残っている。その男を使わずに、ゲームセットの声だけは聞きたくない。私がどうしても起用したい男の名は、清原だった。

願いは届いた。二番・後藤がセンターフライに倒れたが、高橋由がライト前ヒットで出塁した。松井はセカンドゴロに終わったが、これで「代打・清原」を告げることができる。「やってくれる」そう感じさせるオーラを清原は持っている。清原の名前を告げる時は、心が高鳴ってくるのだ。

「いいか、打っても走るなよ。打った後、打席の中で一、二、三と数えてからゆっくりと走り出す感じでいってくれ」

走る必要はなかった。まるでピンポン球のようだった。清原のホームランは、きれいな弧を描いて左翼スタンドへ叩き込まれた。気迫の同点二ランだった。

試合は、延長十一回に福井がサヨナラ三ランを放ち勝負を決めた。しかし言うまでもなく、チームを救ってくれたのは、清原の一発だった。とは言うものの、清原が活躍すればするほど、後悔の念が強くなる。

「すいません。早く治して帰ってきます」

	1	2	3	4	5	6	7	8	9	10	11	計
ヤクルト	0	0	0	0	0	4	1	0	0	0	0	5
巨　人	0	0	0	0	0	0	0	2	3	0	3×	8

【勝】前田２勝１敗０Ｓ　【負】石井　３勝１敗０Ｓ

【本塁打】ラミレス11号、ペタジーニ13号、元木３号、阿部６号、清水５号、清原６号、福井３号

そう言って清原が戦列を離れたのは、四月十七日の広島戦の時のことだった。痛めた直後、ベンチに帰ってきた清原が頭を下げた。ケガの痛みより、チームに迷惑をかけるのを悔いている。表情から心の痛みのほうが伝わってくる。人一倍責任感が強い男だけに、清原の気持ちを想像すると胸が締め付けられた。

清原は、春の宮崎キャンプ、オープン戦と文句のつけようがない調整を続けてきた。気合いも十分。なによりも顔つきが違った。そんな清原に、開幕前に声をかけた。

「今年、もし松井の三冠を阻止する選手がいるとしたら、その最右翼にいるのはキヨだぞ。そのために一年間、通してプレーしてくれ」

こちらの期待に応えるように、清原は開幕戦から打ちまくった。三試合連続ホームラン。本当に凄《すご》いヤツだ。いったいどれぐらい打つんだろう。そう感じていた矢先のアクシデントだったのだ。

その後の復活への道のりも、いちだんと険しかった。リハビリ中には古傷でもある左太ももを痛めた。それでも清原への期待は大きく、五月十八日の横浜戦からスタメン復帰してくれた。しかし、前日の練習で患部に再び不安が生じる。痛みをおしての強行スタメンでもあった。

十九日の試合では、代打で登場した際に、心配していたケガを再発させてしまった。しばらくは代打にも使えない。普通なら、登録を抹消しなければならないところだが、私にはできなかった。

　復帰してすぐに登録を抹消するとはどういうことか。それはチームにとっても、清原にとってもこのうえない屈辱になる。チーム思いでプライドの高い清原に、そんな思いはさせたくなかった。何よりも、清原のやる気に対し、頼りっきりだった私の責任だ。

「チームに迷惑をかけるので、二軍に落としても構いません」

「気にするな。焦らずに治してくれ」

　マスコミにわからないように隠し、一軍に帯同させる方針を決めた。相手にとって、ベンチに清原の名前があるだけで脅威になる。代打でいれば、左投手の中継ぎを使いづらくなるからだ。戦力として実際にプレーすることはできないが、隠し通せれば相手にプレッシャーをかけられる。

　しばらくは、それだけを考えた。清原も辛く後ろめたい気持ちを胸に押し込め、ベンチでは大きな声を出してチームを盛り上げていた。

　清原と私の間には、秘密にしてきた出来事がある。何年か前のオープン戦の時、試合前に私が広島のコーチと話しているところに、清原がやってきた。母校であるPL学園の先輩にあたる広島のコーチに、あいさつするためである。

「おう、キヨ。原さんの言うこと聞いて、ちゃんとやってるか？」

　広島のコーチの質問に、清原は「いいえ」と答えたのだ。これは許せなかった。もちろん冗談で言ったつもりだろう。しかし他球団のコーチの前で、たとえ冗談であっても言ってはいけないことがある。

試合後、私だけがいるコーチ室に清原を呼び、思いきり怒鳴りつけた。清原も私がここまで怒るとは想像していなかったのだろう。姿勢を正して謝ってくれた。

私としては、このことはそれで終わりだった。特にひきずるわけでもなく、まして根に持ってはいない。しかし清原は違った。ずっと気にしていたようだ。

昨年、私の監督就任が決まり、最終戦が終わった時にフリーエージェントの権利を取得していた清原を呼んで、私の気持ちを伝えた。

「来年、優勝するためにはキヨの力が必要だ。チームに残ってくれよ」

もしかしたら清原は、私の言葉を素直に受け取れなかったのではないか。人から聞いた話だが、現役を引退してコーチとして私とともに闘うことが決まっていた村田が、清原に「原さんはそんな過去の小さいことを気にするような人じゃないぞ」とフォローしてくれたらしい。

フリーエージェントでジャイアンツに残留を決めた時に「原監督を胴上げしたい」と言ってくれた。原辰徳という人間を理解してくれたのだろう。正直、嬉しかった。

やがて清原は代打での出場は可能になったが、周囲の声は厳しかった。走れもしない選手を何故、一軍に置いておくのか。そういう声が上がるのも当然だが、チームのプライドと清原のプライドを考慮し、二軍には落とせなかった。

「走れなくても、清原は戦力になる。それをみんなに見せてやれ」

実際、その力が清原にはある。五月三十一日の試合でも、サヨナラアーチを放っているじゃないか。そして今日もやってくれた。清原の意地が詰まった一発は、私の意地も詰まっている。

▼6月19日 ▼横浜戦（横浜スタジアム）

姑息な野球

横浜スタジアムを包んだ大きなどよめきの意味は、わかっていた。同点で迎えた延長十一回表、先頭打者・松井が四球で一塁へ歩くと、私は代打を告げた。後ろには、バットを持った桑田が体をほぐしている。投手・岡島の代打に出たのは、投手の桑田だった。

勝ち越しに向けて、どうしても得点圏に走者を進めたい場面だった。まず考えたのは、岡島をそのまま打席に送り、送りバントをさせることだった。しかし、横浜のマウンドにいるのは左腕・河原だ。荒れ球タイプで、あまりコントロールがいい投手ではない。左打ちで投手の岡島が送りバントを成功させるには、酷なタイプの投手だった。目まぐるしく、私の思考は変わっていった。

走者を確実に送りたいが、ベンチに残っている野手は、清原、鈴木、村田の三人だけだった。清原は送りバントさせるような選手ではなく、得点圏に走者がいる時か、走者なしで一発を狙うような状況で起用する切り札だった。

鈴木は代走のスペシャリストで、得点圏に進んでから代走に使うか、ツーアウトになってから一か八かの盗塁をさせたい状況で起用する選手だった。しかも出塁しているのは四番の松井で、代えるわけにはいかない。

そして村田はキャッチャーだ。キャッチャーというポジションは特殊なポジションで、誰でも守れるものではない。内野の選手を外野で起用しても失策ぐらいですむが、キャッチャーなどやらせては、大ケガにもつながりかねない。

現在、チームはケガ人が続出し、キャッチャーを三人も置いておく余裕はなかった。阿部と村田の二人態勢で、村田を代打で起用した後、阿部がケガでもしたら、キャッチャーがいなくなってしまうのだ。よほどの理由がない限り、村田を代打に送るわけにはいかない。もともと守護神の河原が九回に同点に追いつかれ、分の悪い戦況での延長戦だった。野手の責任分野を優先させた。

ベンチを見回すと、桑田と目が合った。

先発投手だが、今、試合では桑田がベンチ入りする順番だったのだ。こういう状況で打

	1	2	3	4	5	6	7	8	9	10	11	計
巨人	0	0	0	0	0	3	0	0	0	0	2	5
横浜	0	0	0	0	0	0	2	0	1	0	0	3

【勝】岡島　4勝2敗0S　【S】アルモンテ　0勝0敗1S
【負】河原　1勝1敗0S

席に立つ自信があったから私を見ていたのかもしれない。賭けてみよう。桑田なら岡島よりバントも上手い。というより、桑田は野手並みの打撃センスを持っている。野手を代打に送り、送りバントをさせる余裕はないが、少しでも成功させる確率を考えて「代打・桑田」を送り出した。

しかし、まだすっきりとしない「凝り《しこ》」が残っていた。この場面での送りバントは、野手でもプレッシャーのかかる場面だった。「いくら打撃センスがあるといっても桑田は投手。俺は野手でもない桑田にそんなプレッシャーをかけていいのか？」代打での送りバントなら、プレッシャーは倍増するのだ。

自問自答している時に、横浜ベンチが動いた。投手とはいえ、こちらが左対左を嫌い、右の桑田を送り出したから、右投手をマウンドに送り、再び右対右の対戦を図ってきたのだ。

プレッシャーに加え、さらに送りバント成功への確率は下がった。自分の取った作戦に私自身が耐えられなくなった。そんな時、新しい考えが浮かんでいた。

「野手が前に出てきたら、思い切ってバスターエンドランをやってみろ」

桑田に耳打ちをした。一〇〇パーセントの確率で、横浜内野陣はバントシフトをしいてくる。こちらが絶対に送りたいと思っている状況は、逆に相手も絶対に送りバントをしてくると考えるからだ。

しかも投手は東《あずま》という若い投手で、真っすぐでストライクを取りにくる。ウエストする余裕はない。そして送りバントを失敗したら、私だけでなく、桑田の責任にもされるが、バスターエンドランが失敗なら私だけの責任ですむ。腹をくくった。

初球だった。桑田の弾き返した打球は、バントシフトをしいた内野陣の間を抜けていった。結果的に決勝点に結びつき、延長戦を制することができた。

マスコミには「見事な奇襲」と称賛されたが、私の心は曇っていた。奇襲を狙って奇策の指示を出していない。たまたま流れの中で、結果的にそうなっただけなのだ。「こんな姑息な野球をしていいのか？」という思いが押し寄せてきた。

私の目指している勝負事は、あくまで胸と胸を突き合わせた勝負だった。仮に最初からバスターをさせるために「代打・桑田」を告げる監督がいたとしたら……。その監督の人間性を疑いたくなる。ファンには申し訳ないが、試合後のコメントは歯切れの悪いものになってしまった。

知り合いに電話を掛けた。「これでいいのだろうか」と悩んだからだ。親父には「勝負事なんだから、気にするな。お前だってやられる時が来るかもしれんぞ」と言われた。「そうやって考えて裏の裏をかくのも、野球のおもしろさのひとつ」と言った人もいた。みんなが「気にするな」と言って落ち込んでいる私を慰めてくれたが、あまりやりたくない野球だった。寝つきが悪い夜になった。

▼6月24日 ▼広島戦（札幌ドーム）

試練は続く

一点リードされた八回無死一、三塁、緒方の打球がショートに転がった。遊撃手・福井が本塁へ送球する。もう、一点もやれない状況で、福井のバックホームは高くなった。三塁走者が勢いよくスライディング。キャッチャーの阿部は、無理な体勢から懸命にブロックしにいった。左ヒザがねじ曲がったのが見えた。倒れた阿部は、顔を歪めて立ち上がれない。絶望感に包まれ、私はベンチを飛び出していた。

病院に直行した阿部は、しばらく試合で使えない状態だった。最悪の長期離脱は免れたが、前半戦は絶望。五月下旬から六月に入ってチームは打撃不振で、代打陣を強化するため、捕手は二人態勢でいた。それも阿部の存在抜きには考えられない攻撃的な布陣だった。登録を抹消し、小田と加藤の二人の捕手を一軍に上げた。

「また、苦しい戦いを強《し》いられるのか……」

思わず、声に出ていた。頭が痛くなった。

開幕に立てていた戦略が、いつまでたっても実行に移せない。当初の戦略は、四月、五月は攻撃的な野球をし、六月はどっしりと腰を据えた戦いをするつもりでいた。

攻撃的な野球とは、機動力をフル活用する野球だった。「巨人は走ってくる」「エンドラ

	1	2	3	4	5	6	7	8	9	計
広島	0	2	0	0	0	0	0	2	1	5
巨人	1	0	0	0	0	0	0	0	1	2

【勝】長谷川　5勝2敗0S
【負】桑田　3勝5敗0S
【本塁打】松井14号

ンを多用してくる」と相手に思わせる。そして相手に盗塁やエンドランを必要以上に警戒させれば、投手は投げるだけに集中できなくなり、捕手の配球も自由に選択できなくなる。

相手の自由を制限したところで、六月の戦いは逆に選手個人の能力で勝負させるつもりだった。つまり「動いてきそうで動かない」野球をしたかった。付け加えるなら、前半戦というのは、どうしても投手が有利で、打者が不利な時期だった。ボールのスピードに打者の目が慣れてくる六月なら、その攻撃の効果はより高くなると踏んでいたのだ。

清原がスタメン復帰し、自由に打たせていい選手が一人増えたところだった。私の負担は減り、やっと考えていた野球ができると思っていた矢先だった。そんな希望は、たった一日で終わってしまった。

阿部の離脱は、守りの面でマイナスを作る。阿部がマスクをかぶっていれば、そう簡単には盗塁できない。今季はリードも急成長している。その阿部が戦列を離れる分、得点力を少しでもアップさせなくてはならない。ヒットエンドラン、ランエンドヒットという機動力を使った攻撃的な野球を続けるしかない。

ジャイアンツの選手というのは、選手個人のパフォーマンスが高い。ストライクゾーンに来たボールは、球種が違ってもバットに当てられる技術を持った選手が他球団より多いと思っている。あとはサインを出す私が、ストライクを投げるカウントを見極めてサインを出せばいいのだ。

また、選手の負担を少なくしてやりたいという思いもある。調子の悪い選手は、ストライクが来ても、バットが振れなくなる。そんな時には、サインを出してバットが振れるように仕向けてやる。「打てなくてもサインを出した監督のせい」と思えれば、不振の選手も楽にバットが振れるようになる。

私の現役時代からそうだが、ジャイアンツというチームは、選手に頼りすぎている。打てないで負ければ、打者の責任。打たれて負ければ、投手の責任。そうではなく「負けたのはサインを出した監督のせいだ」と言われる試合が増えていい。そうやって選手のプレッシャーを和らげてやりたい。

ヒットエンドランやランエンドヒットを敢行する際、選手には「絶対にゴロを転がそうと考えなくていい。自分のいちばんいいイメージの打球を打つように心がければいいんだ」とだけ伝えてある。

ベンチで腕を組んだままで「単純に相手を打ち砕いて勝つ」という野球は、まだできそうもない。試行錯誤しながらの戦いは、これからも続きそうだ。阿部の離脱からくる危機感を集中力に変え、乗り切っていくしかない。

▼6月29日　▼ヤクルト戦（神宮球場）

悔やまれる試合

「まずい」と思った瞬間だった。入来の甘く入ったスライダーにホッジスのバットが反応した。打球はレフト前に弾き返された。二点をリードした直後に、投手に打たれたタイムリーで同点にされてしまった。

プロとして恥ずかしい「ミス」が、隠れていた。いくら打撃がいいといっても、ホッジスは投手だった。それに加え、得点圏に二人も走者を置くこの場面では、絶対に打たれてはいけない。その注意力が、入来には足りなかった。

初球はストレートで空振り。全くバットに当たる気配すらしない空振りだった。打たれた二球目は、スライダーだった。もしここでスライダーを投げるなら、ボールにするぐらいの注意が必要だった。全くタイミングが合っていないストレートを効果的に見せるためのスライダーであり、絶対にストライクを取るためのものではない。速い真っすぐをより速く見せるためのスライダーだった。

大事な場面だし、リードする村田もストレートを二球続けて抑えにいくより、より確実に抑えるためにスライダーを要求したのだろう。しかし、単調なリズムで投げた入来に、その意図はわかっていない。お粗末な失投だった。スライダーを見せ球にし、次の真っす

	1	2	3	4	5	6	7	8	9	計
巨人	0	2	0	0	4	0	0	0	0	6
ヤクルト	0	2	0	0	0	4	0	3	×	9

【勝】五十嵐（亮）6勝1敗1S　【S】高津　0勝1敗19S
【負】條辺　1勝2敗0S
【本塁打】松井15号

ぐを打たれたのなら、私も諦めがついた。

些細《ささい》なミスが致命傷になる。ミスは続いた。同点で迎えた八回裏一死一塁だった。打者は送りバントが上手い宮本で、かなりの確率で送りバントが考えられた。ところが、マウンドの條辺は、簡単にカウント二―一に追い込んでいた。追い込んでしまえば、バントはしにくくなる。私は不利なカウントになったヤクルトベンチが、どう出るかに注意を払っていた。

一球ボールになって、カウント二―二となったところで、ヤクルトベンチに嫌な動きがあった。何かサインを出している。考えられる作戦は、ヒットエンドランだろう。次に投げる球がボールなら、フルカウントになってしまう。フルカウントというのは、自動的に走者が走りやすくなるカウントで、併殺が取れる可能性が低くなるカウントだった。こちらがストライクを取りにいくのを見越して出すのが、ヒットエンドランという作戦だからだ。

「外せ」

ピッチドアウトのサインを出した。このタイミングが速すぎたのだ。こちらのベンチの動きを察知したヤクルトベンチが、再び慌ただしく動いた。間違いなく、ヒットエンドランのサインを取り消したのだろう。

こちらも、ピッチドアウトのサインを解除した。ピッチドアウトのサインを出すタイミングを遅らせていれば、空振り三振に取れていたはずだった。

あとは條辺が、真っ向から勝負すればいい。しかし、次の投球はボールになった。小技が上手い宮本は、一発のあるタイプではない。走者は一塁だし、思い切ってストライクを投げて打たれたのなら仕方ないが、ボール球は悔やまれる。フルカウントとなり、ランエンドヒットを決められてしまった。

結果、一、三塁になり、佐藤を三振に討ち取り、ペタジーニを敬遠。古田に決勝タイムリーを打たれ、試合は決まった。

入来の意識。サインを出すタイミング。追い込んでおきながらフルカウントにした條辺。プロだからこそ、咎《とが》められるミスなのかもしれない。しかし、この試合では、入来がバント処理で一塁へ悪送球したり、村田が簡単なファールフライを落としたり、怒るにも値しないミスも出た。そして、勝っている試合に負けた。連敗中のホッジスを打ち込んでいただけに、悔やまれる試合だった。

▼7月3日　▼中日戦（東京ドーム）

ミスを恐れるな

ベンチにピリピリとした緊張感が張りつめている。二点をリードした六回無死一、二塁の攻撃だった。ほしいのは追加点。リードしている試合は、特に動きやすい。私の指示をコーチ陣たちが待っていた。打席に向かう村田も、二人の走者も同じだった。

送りバント以上の効果を上げたかった。村田の次の打者は投手の上原だった。エースに代打を送ることは、まずできない。村田には一死二、三塁以上の場面を作ってもらいたかった。僅《わず》かでも上の可能性を求め、目まぐるしくサインが変わっていった。

初球のサインは、セフティーバントだった。相手の内野陣は、強固なバントシフトをしいてくる。多少のリスクはあるが、送りバントより強い打球となるセフティーバントなら、相手の野手がミスをする可能性も高くなり、うまく決まればヒットになる。投球はボールだった。

二球目は、送りバントだった。ヒットエンドランも考えられるカウントで、強固なバントシフトはできない。それなら、確実に走者を送る。投球はボールだった。

二ボールになり、さらに送りバントを決められる可能性は高くなった。しかし、ノースリーにしたくない三球目は、絶対にストライクを取りにくる。バントの構えをして内野陣を引きつけるバスターエンドランをかけた。結果はファウルだった。

ワンストライクになり、次の球でカウントを取られると追い込まれてしまう。追い込まれれば、当然、バントはしにくくなる。それならば、追い込まれる前に確実に送りバントを決めたい。再び送りバントのサインを出したが、投球はボールだった。

	1	2	3	4	5	6	7	8	9	計
中日	2	0	0	0	0	1	0	0	0	3
巨人	3	0	1	1	0	3	1	0	×	9

【勝】上原　9勝3敗0S
【負】バンチ　6勝6敗0S
【本塁打】井上6号、高橋由11号、松井16号、清原8号、清水7号

絶対有利の状況が整った。ボールになれば四球になる。相手にとって、四球は最悪の結果だ。そこでバスターエンドランを敢行し、結果は見事に決まり、一点を追加した。続く上原は送りバントで、清水がタイムリーを放ち、この回三点を奪った。この追加点で試合は決まり、快勝した。

野球のボールカウントは、実によくできている。一球ごとに有利になったり、不利になったりする。その状況を見極め、より確実な方法や効果的な方法を選択していく。そのためには、一球ごとに緻密に対応できる訓練が必要だった。

私が野手総合コーチとしてジャイアンツに復帰した頃は、こういった野球ができなかった。緻密《ちみつ》な野球に対応するための訓練といっても、それは実戦を通して「慣らし」ていくしか方法はない。気が遠くなるような地道な作業だった。

まだまだサインを見逃したり、タイミングが遅れたりして失敗することがある。しかし、そのミスは大幅に減ってきている。私がサインを送り、手際よく伝達できなかった場合、すぐにサインを取り消す。いちいち怒ったりはしないが「ヤメ」という声には「こんなんじゃダメだ」という響きを含ませている。

コーチ陣も選手も、集中してサインを確認するようになった。簡単なサインを使うほうが伝達ミスは減るが、カウントによって一球一球、状況が変わるスポーツで、少しでも優位に試合を進めるために、少しでも高度な野球を実践していかなくてはならない。長嶋監督のもとで実践してきた野球が、だいぶチームに浸透してきている。

送りバントひとつを取っても、緻密で高度な野球を目指している。例えば、最初から送りバントの構えをしたほうが、打つ体勢からバントをするより動作が少なく、確実にできる。しかし、打つ体勢からバントする動作は、相手の守備陣に一〇〇パーセントのバントシフトを取らせないというメリットも出てくる。要するに打つ体勢から確実にバントができる技術を養えばいいのだ。些細な技術でも、より高度なものを追求する姿勢が大事だ。

今季は「ミスを恐れない攻撃的なプレー」を心がけている。ミーティングでも、何度も使った言葉だ。サインの伝達も、送りバントも、ミスを恐れずに、より高度なものを目指していく。プロである以上、少しでもハイレベルな野球を実践していきたい。野球だけでなく、生きていく中でも、こうした向上心を忘れないようにしたい。

▼7月6日　▼阪神戦（東京ドーム）

四番打者松井の目覚め

怖いぐらいの威圧感があった。その巨体がどっしりとバットを構えるだけで、並の投手なら震え上がるようなオーラをまとっている。スイングスピードは、人間の常識を超えている。空気を切るスイング音は、ベンチにいても聞こえてくるような錯覚さえする。それが、我がチームの四番に座る松井という男だった。

三回一死満塁、カウントは一―三だった。ジワジワと予感が大きくなっていった。「松井はあの辺にボールが来たらいくぞ」この状況で「あの辺」というのは、外角の球だった。満塁で四球は出せない。しかし、内角や真ん中へ投げれば、一発がある。

松井は、相手バッテリーが「適当にストライクを投げればいい」という打者ではない。一発を怖がるカーライルと矢野のバッテリーが選択する配球は、おそらく外角だ。松井自身、自らが醸し出す迫力を知っている。狙っていた。松井の「格」が、バッテリーを呑み込んでいた。

待っていたコースに、やはりボールは投げ込まれた。強振した。ホームランにはならなかったが、右中間への二点タイムリー二塁打だった。前日の五日の試合でも、外角のボールを強振し、ホームランにしている。もともと外角の球を打つのは上手いタイプだが、同じ外角を打つのでも、その内容は明らかに違ってきた。眠っていたホームランバッターが、完全に目覚めていた。

プロ入り後、松井と他球団のバッテリーの勝負は、内角の真っすぐを巡っての攻防だった。体の近くに投げる内角の球は、ひとつ間違えばホームランになる。しかし松井は、きっちりとコントロールされた内角の真っすぐを苦手にしていた。勇気を持って内角に投げ

	1	2	3	4	5	6	7	8	9	計
阪神	0	0	0	0	0	0	2	0	0	2
巨人	0	0	4	0	0	0	0	8	×	12

【勝】入来　3勝1敗0S
【負】カーライル　0勝1敗0S
【本塁打】濱中12号、清水8号

込んでくる相手バッテリーと、苦手なボールを狙いにいく松井との戦いだった。

フリー打撃でもベースギリギリに立ち、内角のボールを捌《さば》く練習を積み重ねていた。地道な努力を積み重ねた松井は、徐々に弱点を克服していった。ホームランのタイトルを取ったのが、苦手にしていた内角打ちをマスターした証拠だった。

内角球をホームランにできるようになった松井に、他球団のバッテリーは恐怖を感じ始めた。「内角の弱点がなくなったのなら、少しでもホームランの可能性が少なくなる外角へ投げよう」と力勝負を避けた。大げさに言えば「ヒットなら仕方ない。ホームランだけは避けよう」という考え方だった。

そして元々、外角のボールを捌くのが上手かった松井は、今まで以上にヒットを打つようになった。昨年、首位打者のタイトルを取ったのも、こうした流れから獲得したものだったと断言できる。今シーズンもその流れは変わらず、外角中心の攻められ方で、ここまで高アベレージをキープしていた。

そんな松井に対して、私はジレンマを感じていた。嫉妬《しっと》にも似たジレンマだった。あの体から繰り出すパワーは、私の現役時代のパワーとは比べものにならない。きっと私のパワーなど、松井の半分もないだろう。「あいつのパワーなら、外角の球もホームランにできるのに……」というジレンマだった。外角の球に体勢を崩しながらもライト前に運んでいく姿は、現役時代の篠塚コーチの姿を連想させた。イメージとして「体のでかいシノさん」のような松井は、見たくなかった。

そんな松井に、転機が訪れた。外角の球をことごとくヒットにする松井に対し、他球団のバッテリーは一か八かの勝負のように、内角を攻めるようになった。試合が決まっていたり、どうしても三振に取りたい場面や、投げるボールがなくなった時に内角の球を使ってきた。「意外と成功するじゃないか」他球団のバッテリーは、そう感じたに違いない。五月下旬あたりから内角から外角へ、そして勝負球はまた内角へ、という攻め方に変わってきた。

ホームランバッターにとって、ホームラン率の高くなる内角のストライクゾーンで勝負されるのは屈辱だった。「この俺様に内角で勝負を挑んでくるのか」といった心境だ。だからホームラン打者が追い込まれた時にいちばん討ち取られたくないボールが、内角の真っすぐとなる。

「厳しい内角攻めをされるのは、強打者の証」と言われるが、それは仰《の》け反《ぞ》るような内角の球であって、ストライクゾーンの球ではない。要は舐《な》められている証拠だった。

本人が、いちばん感じていた屈辱だろう。そんな時、私は松井に声を掛けた。

「ゴジ（松井の愛称）、俺と一緒に練習してみないか？」

試合前の練習では、報道陣に悟られないようにブルペンに籠《こ》もった。体を目がけて、ボールを投げる。それを打つ練習だ。体の前でボールを捌く。打撃の基本だと思っている。

ボールへの恐怖心もなくなる。

ふつうの選手とやる時は、マスクやプロテクターやレガースを着けてやる。バットに当たらなかった時に、大ケガにつながるからだ。松井が身に着けたのは、ユニホームだけだった。最初のボールを「集中しろよ」と言って投げると、空振りし、ボールは見事に松井の股間に直撃した。慣れていないとはいえ、松井ほどの技量を持ってすれば、きちんと打てるはずだ。やはり、どこかが狂っている。うずくまる松井を見て「笑わせるなよ」と言って練習を繰り返していった。

瞬《また》く間に体に向かってくるボールを捕らえるようになった。完璧に打ち返せるようになると、今度は外角にも投げるようにする。それが打ち返せれば、この練習は終わりだった。わずか三日間ほどで、二人だけの練習は終わった。

基本的な打撃のメカニックが修正されたのか、内角のボールに対しての恐怖心がなくなったのか、はっきりしたことはわからない。しかし、松井は内角のボールに対し、積極的にバットが出てくるようになった。内角の弱点がなくなり、再び怖い松井が復活した。

六月に入ると、他球団のバッテリーも徐々に外角中心の攻めに戻っていった。ここからは、また私の踏み込んでいけない松井の領域だった。外角の球をどう捌くのか。昨年から開幕まで続いたような、体勢を崩しながらでもレフト前に合わせるような打撃に戻るのか。

違った。

松井は外角のボールでも、果敢に踏み込み、ホームランを狙う打ち方になっていた。五日のホームランとこの日の二塁打で、それを証明した。「これからはホームランを量産していく。三冠も取れる」と確信した。

年々、進化し続ける松井の打撃には、頭が下がる。現状に甘んじず、決して妥協しない。こうして私が松井の打撃の流れを話せるのも、松井の中にしっかりとしたテーマがあり、それを克服していくからだ。この試合で一一八〇試合連続出場となった。プロ野球界で三位の記録だそうだ。強靭な精神力でしっかりとした技術を身につけ、それを丈夫な体で支えている。日本野球界で松井にかなう者はいない。

▼7月10日　▼広島戦（広島市民球場）

理想の最強チームへ

前半戦、最後の試合を九—二で締めくくった。七十三試合で四十四勝二十九敗で首位に立っている。二位・ヤクルトとのゲーム差は四・五で、貯金は十五だった。星勘定は好きじゃないが、悪い数字ではない。漠然と考えていた数字よりも上だった。

開幕前、よく報道陣から「原監督はどんな野球をしようと考えていますか？」という質問を受けた。「どんな野球ができるかもわかりません。戦っていった足跡を見て、皆さんが判断して下さい」と答えていた。格好付けたわけでなく、その時に明確な答えはなかった。しかし、前半戦を戦い終えた今は、できるできないは別にして、どんなチームを作りたいかは、答えられる。それは選手の一人ひとりが、ジャッジメントプレーができるようなチームを作ることだ。

ジャッジメントプレーとは、選手個人がその状況に応じて判断し、プレーするものだ。試合の流れの中で、私が指示を出せない状況がある。そんな時には、個人のジャッジメントプレーが必要になる。正しい判断でプレーできればいいのだ。あるいは間違った指示を出したり、サインを読まれていたケースに、選手個人がベターな選択をするのもジャッジメントプレーだろう。

それでも、監督が出したサインに従わないチームになってはいけない。ジャッジメントプレーをした時には、必ずその選手の意図を問いただすようにしている。

六月十三日のヤクルト戦だった。延長十一回に先頭打者の清水がショートへの内野安打で出塁した。送りバントが定石《じょうせき》の場面だが、続く後藤へはバスターエンドランのサインを出した。厳しいバントシフトをとってくると判断したからだ。

一球目と二球目がボールとなり、カウントは〇―二となった。バスターエンドランのサインは継続していた。しかし後藤は三球目を送りバントした。ベンチに帰ってきた後藤に、

	1	2	3	4	5	6	7	8	9	計
巨人	0	4	1	0	0	0	0	0	4	9
広島	0	0	0	0	0	0	2	0	0	2

【勝】上原 10勝3敗0S
【負】佐々岡 4勝5敗0S
【本塁打】高橋由12号、江藤9号、金本13号

その真意を聞いた。カウントが〇―二となり、ヤクルトの内野陣が極端なバントシフトをとらなかったから送りバントをした、という答えだった。

後藤というプレーヤーは、積極果敢なタイプの選手だった。その後藤が敢《あ》えて送りバントをしたほうがいいと判断した。確かに後藤の言うように、ヤクルトの内野守備陣の動きを見ればバスターエンドランをかけるには、リスクが大きくなっていた。しかし監督としては、初球と二球目のボール球をバスターエンドランして失敗してもいいつもりでサインを出していた。無理をしてでもバスターエンドランを決めるのがベストだったが、送りバントをした後藤のジャッジメントプレーはベターな選択だった。

他にもある。六月十六日の阪神戦だった。同点で迎えた八回に清水がライト前ヒットを放ち、再び後藤が打席に立った。前の打席で送りバントを失敗していたが、同じサインを出した。送りバントを失敗した前の打席の投手は、フィールディングのいい藪で、この場面の投手はフィールディングが上手くない福原だったからだ。

後藤の転がしたバントの打球は、強い当たりで投手の福原の前へいった。ふつうに打球を処理すれば、二塁はアウトのタイミングだった。しかし、福原は二塁へ悪送球。走者も打者も塁に残り、結果的には送りバント以上の成果をもたらした。

記録を見ても送りバントにはならず、福原の失策になった。誉められるバントではない。しかし、後藤は「なんとしても福原の前に打球を転がそう」と考えていたはずだ。一塁手や三塁手に打球を処理されるより、ミスをする確率が高い所へ打球を転がした結果だった。プロであれば当然だが、あの場面でいちいちベンチが「福原の前に転がせ」という指示は出さない。理想は上手いバントを決めてくれることだが、後藤の細かいジャッジメントプレーが、自らの下手クソな送りバントを救ってくれたのだ。

些細なジャッジメントプレーが、チャンスを広げたり、ミスを救ったりする。もちろん、しっかりとした技術を持ったプレーヤーがいるのが大前提だが、そうした選手達が緻密で正確な野球知識に基づいてジャッジメントプレーができるようになれば、最強のチームが完成する。

あくまで理想であり、そんなチームはできないだろう。しかし、諦めてはいない。物事に絶対はないが、完璧を目指す過程には絶対があると考えている。最強のチームを作るための努力は、絶対に惜しまないということだ。

まだまだ前半戦が終わったばかり。予想以上の成績でいられるのも、延長戦を九勝一敗という成績で乗り切れたからだ。要はどちらに転んでもおかしくない紙一重の勝負をものにできていただけだ。油断する余裕はない。優勝するための努力も、絶対に惜しまないことをここに誓う。

勝ちたい気持ちだけではなかった。六回二死二塁、打席に向かう清水の背中に、私の気持ちを込めた。

「おい、父親になったんだろ。子供が生まれた日に打たないでどうすんだ」

この日、清水には初子が誕生していた。三点をリードされていた六回は、清水の打席までに三点を返し、同点に追いついている。勝ち越しのチャンスが、親父になった清水に与えられたのだ。

ここまで二打数無安打一四球だった清水にも、勝負を度外視した気持ちはあっただろう。打ち返した。レフト前だった。勝ち越しのタイムリーは、娘の誕生記念タイムリーになった。チームも後半戦初勝利を挙げた。

今季、私は清水を一番・左翼に固定した。昨年まで、左投手の時には代打を送られたり、スタメンでの出場はほとんどなかった。確かに左投手に対した時の清水には、脆《もろ》さが見えた。討ち取られた時の姿が、あまりによくない。清水の起用法について、左投手の時に起用しない長嶋監督の考えにも納得していた。

ただ、今年に限っては違った。左投手にも対応できるようになっている。年々、徐々に

▼7月17日　▼横浜戦（東京ドーム）
トップバッター清水の飛躍

	1	2	3	4	5	6	7	8	9	計
横浜	0	0	0	0	0	4	0	0	1	5
巨人	0	0	0	0	1	8	1	0	×	10

【勝】河本　1勝0敗0Ｓ
【負】竹下　2勝2敗0Ｓ
【本塁打】鈴木尚5号、松井19号

だが左投手との対戦も増え、慣れはじめているからだ。長嶋監督も、今シーズンなら左投手でも清水を起用していただろう。元々は、左投手を打てるタイプの左打者だからだ。

清水の最大の特徴のひとつに「ボールを怖がらないで打てる」というものがある。ボールを怖がる打者には、あれだけ内角のボールを上手に捌《さば》けないし、ボールを引きつけて打てない。バットコントロールもよく、スイングスピードも速い。その技術は「ボールを怖がらないで打てる」というバックボーンがあって生きてくるものだ。

左打者が左投手と対戦する場合、右投手と比べてボールを見ていられる時間が短くなる。ボールを見る時間が短いと、見づらくなり、特に内角の速い真っすぐが厄介になってくる。恐怖を感じさせるからだ。しかし、スイングスピードが速く、ボールを怖がらず、ボールを引きつけて打てる清水には、左投手を打つための技術的な裏付けと精神的な裏付けがあった。

では何故、左投手に対して無様《ぶざま》な討ち取られ方をしてきたのか？

それは慣れていないからだった。世の中には左利きの人が少ない。左投手ＶＳ左打者は、右投手ＶＳ右打者よりも対戦が少ない。左投手と右投手が全く同じ投球技術を持っていれば、プロに行く割合は左投手のほうが高く、左ＶＳ左という対戦比率は、プロの世界が最も多く、社会人、大学、高校と下にいくにつれて少なくなる。右ＶＳ右も、左ＶＳ左も、打ちにくいという理論は同じだが、左ＶＳ左という対戦は「慣れていない」という事情が

Tokyo Dome City
GIANTS
83
84

HARA
83

プラスされる。

もっと前から左投手でも我慢して起用していれば対応していただろう。しかし、そこは勝負の世界で、慣れるまで起用するには勝てなくなる試合も出てくる。長嶋監督時代にある程度の経験を積み、左投手にも慣れてきたと判断し、一番に固定することができたのだ。

宮崎キャンプでは、清水を呼び出している。

「今年はレギュラーで使うぞ。俺がお前を試合で使わないとしたら、それは右投手だろうが左投手だろうが、関係ない。どちらの投手が来ても打てないだろうと判断した時だ」

この試合での勝ち越しタイムリーも、左投手の森中から打ったものだった。打った球種は外角のスライダーだが、追い込まれてから外角に逃げていくボールについていけるのも、厄介な内角の真っすぐを必要以上に意識しないでいられるからだった。

内角の真っすぐを苦手にしていれば、追い込まれたらそこに意識がいきすぎて、コースも速度も全く違う外角のスライダーを打てない。清水はそれだけ難しいボールをバットの先に当ててタイムリーにしたのだ。

清水の力を認めて一番に固定したが、私が認めていなかったのは、人間的な強さだった。四月か五月のヤクルト戦だった。ボール臭い球をストライクと判定されて三振した清水は、ベンチ裏で大暴れした。どうやって暴れていたか、観察していたわけではないが、もの凄い音が聞こえてきた。一発ぐらい、どこか殴るなり、蹴飛ばすなりするならいいが、とにかくいつまでも暴れていた。たまりかねて私は、清水に怒鳴り声をあげた。

「いい加減にしろ。お前はそれですっきりするかもしれないが、俺たちはそのあとも戦うんだ。気分が悪くなるだろ」

清水は一瞬でカッとなる激しい気性を持っている。いいほうに向けばいいのだが、ジャイアンツのレギュラーを張る選手には、そうした行為をしてもらいたくない。物に当たる行為は最低で、しかも、野球の道具を粗末に扱うなど、もってのほかだ。そういう行為をする選手に大した選手はいないと思っている。

清水にも、そういう選手になってもらいたくなかった。少年達の憧れでなければならないプロ野球選手、特に伝統あるジャイアンツの選手ならしてほしくない行為だった。

もしも我慢できないのならせめてひとりでいる時にやってほしいものだ。本来、そうした行為をする時は、悪い結果になった時だろう。その時は、チームにとっても悪い結果なのだ。自分が怒る前にチームに謝罪する気持ちがあっていいと思っている。

実は私も現役時代にロッカーをバットで叩いたことがあった。腹が立ったから叩いたのではなく「みんながやってるから、何かで叩いてみたらスッキリするのかなぁ」といった具合に、凡打した後にやってみたのだ。思い切り叩いてみたが、バットを持っていた右手首が痛くなっただけだった。「あぁ、これはやるなってことだなぁ」手を押さえて痛みを堪《こら》えながら、そう考えていた。

その後、清水が当たり散らす姿は見ていない。清水は判定に不服がある直後の球をヤケクソ気味に空振り三振することもあったが、そうした姿も少なくなっている。無駄に率を落とすのは自分が損をする。首位打者争いをする実力がある清水なら、なおさらだろう。レギュラーを張り、人間性も大きくなってほしい。そして子供も生まれた。私も子が生まれた時に「物心がつくまで野球が続けられるように頑張ろう」と誓い、現役を全うする力になった。選手として、親父として、大きく飛躍する年にしてもらおう。

▼7月20日　▼中日戦（ナゴヤドーム）

二岡には敢えて厳しく

漠然とだが、考えていた。九回無死二塁で二点リードしている場面だった。「ここで一点を取れば、試合は完全に決まる。二塁走者の清水が三塁に進めれば……」二番打者の二岡が、打席に向かって歩いている時だった。送りバントも、頭をよぎった。しかし、後半戦が始まってからの二岡は、振れている。前の打席でもホームランを打っており、ここ三試合で四本塁打。凡打に終わった内容も、文句はない。フリー打撃を見ているだけで、調子の良さは伝わってくるほどだった。私の結論は「自由に打たせる」だった。

二岡自身も自分の打撃がどういう状態なのか、わかっていたはずだ。こういう時、打者というのは、どんな球が来ても打てる気がするものだ。自由に打たせてくれるなら、調子がいい時に打率を上げよう、ホームランを増やそう、と考える。監督である私自身が、絶好調の二岡の打撃に賭けたのだ。

「自由に打たせてやる」という私の判断の中で、二岡が選んだ方法は少し違っていた。「自由に打てる中で、なんとしても走者を三塁に進めよう」とする打撃だった。

走者を進めるために右方向へ打った。リストが強く、右方向にでも大きな当たりを打てるのが、二岡の長所だった。上手くいけばホームラン、悪くても進塁打。最低限の狙い通りに、ライトフライを打って走者を三塁へ進めた。

結局、得点には結びつかなかったが、チームを助けようとする打撃だった。しっかりとした考えに基づき、それを実践できる高い技術がある。私が考える「二番打者」というものを理解している一打だった。

打ってよし、走ってよし、守ってよしの三拍子揃《そろ》った選手だ。高い素質だけでなく、二岡にはこちらが放っておけなくなるような人間的な「可愛《かわい》さ」がある。しかし、その「可愛さ」というのは、裏返せば「頼りない」「任せておけない」という種類のものだった。選手として、人間としての成長を願って、私は二岡には必要以上に厳しく接している。

春の宮崎キャンプで、何食わぬ顔をした二岡と宿舎のエレベータで出くわした。ふと、

	1	2	3	4	5	6	7	8	9	計
巨人	0	0	0	0	2	1	1	0	0	4
中日	0	0	0	1	1	0	0	0	0	2

【勝】上原 11勝3敗0S　【S】河原 3勝2敗16S
【負】小山 1勝3敗0S
【本塁打】二岡12号

足元を見ると、裸足でサンダルを履いていた。エレベータの中が、説教部屋に変わった。

「何で靴下をはかないんだ。スポーツ選手が、足元を冷やすというのはよくない。丈夫な選手ならいいが、お前は丈夫な選手じゃないだろ。私生活から考え直せ」

厳しい口調になった。たかが靴下かもしれないが、徹底したプロ意識を植え付けたかった。一流の素質を持ち、人間的な可愛さを持つ二岡だからこその「小言」だった。

二岡という男が持つ、私に対する愛情と、チームに対する愛情は十分にわかっているつもりだ。前半戦、ふくらはぎに違和感がある時のことだった。

無理をさせないため、試合に出たいと直訴《じきそ》していた二岡を試合に使わないでいた。二岡は「もう大丈夫です」と言い張っていたが、それでも私は大事をとって三試合程はスタメン起用しないでいた。引っ張って、引っ張ってスタメン出場させたが、試合序盤で患部を悪化させて戦線を離脱することになった。

「俺はお前を日本一のショートに育てたいと思っている。だから大丈夫と言っても、敢えて大事を取って無理をさせないようにしていたんだ。それが一試合も持たないどころが、試合の前半でリタイヤ。どういうことなんだ。俺はどうしたらよかったんだ」

二岡は、涙を流していた。怒られて、悲しくなって流した涙ではない。私とチームのために無理をし、それに応えられなかった自分自身への不甲斐なさからくる涙だろう。そして私自身、深い愛情を持って二岡に接してきた。「日本一の遊撃手に育てたい」という私の思いが、言葉になって実際に伝わったからだ、とも思っている。

厳しいムチの意味がわかる人間だった。ただ、こちらが指示やきっかけを与えてやらないと、自分の「殻」を破ろうとしない。春のキャンプでも「ウチのチームのショートのレギュラーは、元木だ」と敢えて言い続けた。奮起してほしかったからだ。練習熱心ではあるが、何か物足りなかったのだ。

キャッチボール、ノック、打撃練習をしていても必要以上の注文を付けた。私が指導しても、いつも「ハイ」と言って黙々とやる二岡に不満だった。

「俺はお前を指導する時、いろいろと考えて言っているんだ。お前の返事はいつもハイだろう。自分でも考えていればハイじゃない時だってあるだろ。そうだと納得するんでも、なんで納得しているのか、こちらにわかるように伝えろ。ハイハイだけじゃ、こっちはわからないんだ。ただのキャッチボールやノックを受けていても、黙ってやるな。いいボールがきたらナイスボールとか、いろいろと感じるものがあるだろう。それを相手にわかるように表に出すんだ」

言われた通りに黙ってやるのが、悪いことだというわけではないが、二岡に関しては違った。「殻」を破るために、口が酸っぱくなるぐらいに言い続けた。

最近では、グラウンドでもだいぶ喜怒哀楽が出るようになった。二岡が本来持っている素質は、そういった感情と一緒に花が開く。ショートというポジションは、守りの要《かなめ》だ。

要を任せる選手は、黙って黙々とやり続けるのではなく、みんなをリードしていかなくてはならない。そういうポジションだからだ。

攻撃面では機動力もあり、一発もあり、そして自己犠牲を考えて打てるようになった。守りでは肩も強く、守備範囲も広く、そして内野陣を引っ張っていけるような選手に成長している。「二番・遊撃・二岡」を不動の物にした時、ジャイアンツというチームは、本当に強いチームになれる。

▼7月25日　▼阪神戦（甲子園）

戦う時は引けない時

アリアスが、マウンドへ踏み出していく。入来が、グラブを叩きつける。私の隣りにいたコーチ陣が、グラウンドに飛び出していった。無意識のうちに私の体も動いていた。もみくちゃになっている乱闘の輪の中へ入っていった。

どういう体勢になっていたか、覚えてなかった。入来とアリアスの間にいたのか、アリアスを背後から抑えていたのか、とにかく入来がケガをしないように必死になっていた。止めるために力を入れすぎたのかわからないが、試合後は体中が痛くなった。

試合前から張りつめた空気があった。野球とは違う別の戦いが起こりそうな雰囲気だった。別の戦いとは、乱闘というケンカだった。この前の阪神三連戦で、捕手の村田が死球を受けていた。七月六日の試合は、点差が開き、何もそんなに危ない球を投げなくてもいいじゃないか、という場面での死球だった。選手や関係者の中には「わざとぶつけた」と見る人間も、少なくなかった。

「俺はデッドボールで選手生命を断たれた選手を何人も見てきた。直接、ケガをした選手だけじゃなく、乱闘の中でケガをしたヤツもいる。ぶつけた投手も、心に深い傷を負ってダメになったヤツもいる。やられたらやり返すといったように、単純にやっていいものじゃない。ただ、やる時は個人のせいにはしない。チームの意思として、売られたケンカは買うということだ」

ミーティングで私の意思をみんなに伝えた。わざとぶつけたんじゃないにしろ、阪神の攻め方は「ぶつかっても仕方ない」という厳しいものになっている。そんな攻め方は、ある意味で暴力を振るっているのと同じだろう。危険なことがわかってやっているのだ。そんな暴力から、スゴスゴと逃げる真似はしたくない。黙って許していれば、どんどんエスカレートし、いつか取り返しのつかないケガをする選手も出てくる。そうなる前に、どこかに「楔《くさび》」を打ち込む必要があった。

暴力に対し、暴力で対抗するのがいけないのはわかっている。しかし、男には戦わなけ

	1	2	3	4	5	6	7	8	9	計
巨人	0	0	0	0	0	1	0	2	1	4
阪神	4	0	0	0	0	0	0	0	1×	5

【勝】バルデス　3勝2敗14S
【負】チョン・ミンテ　0勝1敗0S
【本塁打】松井20号、平下1号

ればいけない時がある。「そっちがそこまでやるのなら、こっちも黙っていないぞ」とわからせる必要があった。「ぶっけてもいい」という厳しい攻め方には、同じ攻め方をする。そうして迎えた三連戦だった。

案の定、初戦では清原が死球を受けた。二戦目は、先発した高橋尚が矢野に死球を与えた。そして三戦目は、阿部が死球を受けた。その直後の七回裏だった。入来が投げたボールが、アリアスの背後を通ってバックネットにぶつかった。大乱闘の口火を切った。

試合後は、誤解を招くことを考え、私はコメントを控えた。報道陣からは、阪神側が「巨人が仕掛けてきた」と言っていると聞いた。確かに乱闘の直接のきっかけは、入来の投球だった。しかし、たったあの一球だけで、乱闘を招くような選手教育はしていない。

直接、耳にしたわけではないが、もし本当に阪神の関係者が「巨人から仕掛けてきたから乱闘になった」と言っているのなら、情けないというより、寂しい気持ちになる。阪神の言い分もあるだろうが、それなら入来の投球だけでなく、それまでの経緯も説明するべきじゃないのか。簡単に説明できないのは、わかるはずだ。軽はずみに発言できる人間がいるなら、その人間こそが暴力を軽く考え、暴力を簡単に実行する人間なんだと思ってしまう。

試合後は、コーチ陣とも語り合い、ともに反省した。野球はスポーツとはいえ、真剣勝負をする世界だ。その中ではルールを超えた不祥事が起こることがある。野球の歴史を見ても、乱闘が起こらなかった年はない。もちろん、暴力を肯定するつもりもないし、乱闘は仕方ないと諦めるつもりもない。防げるものは、防ごうと誓って言える。

今回の責任はチームの監督である私にある。どんな処分が下されても、黙って受ける覚悟だ。男として、勝負師として引けない時がくるまでは、我慢できる。何よりも野球が好きで、野球というルールの中で正々堂々と戦うことを私は望んでいる。

▼7月26日 ▼ヤクルト戦（神宮球場）

ベンチの戦い

わからなくなっていた。きっかけを掴《つか》むヒントが欲しかった。一―一で迎えた二回裏。一死一、三塁、マウンドにいた工藤に牽制球のサインを出した。ランナーをベースに引きつけるための牽制球ではない。工藤のリズムを整えるための牽制球でもない。その間、私の視線は、ヤクルトベンチとバッターボックスの石川に向いていた。

牽制球が入っても、ヤクルトベンチに動きはなかった。石川は打席を外した。三塁コーチャーにサインを確認するジェスチャーをした。何かプレッシャーがかかるサインが出ていなければ、わざわざサインを確認しないだろう。私が求めていたヒントが、そこにあった。

スクイズだった。

左投手に対し、打者は投手で左打ちの石川だった。投手というだけでなく、左打者のスクイズというのは、三塁走者が丸見えで、サインが出しにくい。工藤と阿部のバッテリーが、初球に様子を見るためにボール気味の球を投げれば、さらにスクイズは難しくなる。

コントロールがいいベテラン左腕には、一ボールにするぐらいの余裕はあった。打者が投手で一点を取るためにはスクイズも考えられるが、スクイズを決めるにはリスクが大きすぎるのだ。しかし、困難と思われる初球のスクイズへの疑いは、消せないどころか大きくなった。

「一球ぐらい、くれてやれ」

確信は持てなかったが、ここでスクイズを決められれば悔いが残る。ウエストのサインを出した。

予感は当たっていた。石川はボールを転がそうとしたが空振りした。しかし、捕手の阿部がウエストのために立ち上がるのが早かった。飛び出していた三塁走者の岩本が、素晴らしい反応でベースに戻った。スクイズを外しながら、セーフになってしまった。

それでも無得点に抑えられた。あの牽制球のお陰だった。序盤でリードされながら戦うのと、同点のままで戦うのでは、大きな違いが生まれる。リードして余裕があれば、奇襲

	1	2	3	4	5	6	7	8	9	計
巨人	1	0	2	0	0	1	0	5	2	11
ヤクルト	0	1	1	0	0	0	0	0	0	2

【勝】工藤　6勝6敗0S
【負】石川　6勝6敗0S
【本塁打】松井21号、高橋由13号、江藤10号、ペタジーニ25号

もかけやすくなるからだ。スクイズの一点を防ぎ、終わってみれば一一―二で大勝できた。悔しい思いをさせられたからだった。

なぜ、必要以上にスクイズを警戒したのか？　六月十二日のヤクルト戦だった。

状況は二点をリードされた六回一死一、三塁だった。打者は八番の三木で、その時も私はスクイズを警戒した。しかし、その警戒心は、すぐに消えた。三木に続く打者は投手のホッジスで、ジャイアンツが抑え込まれている投手だった。

三木を歩かせて、ホッジスで併殺を狙ってもいいし、代打を送ってくれれば儲けものだ。つまり、こちらがスクイズを警戒していなくても、ストライクを投げない可能性が高い状況だった。当然、相手も「三木は歩かされるかも」と思っていると考えた。特に初球は様子を見るためにウエストするケースが多い。スクイズへの警戒心はなくなっていた。

予想は違った。スクイズを見事に決められただけでなく、バント処理も焦ってヒットにしてしまった。試合も一―六で完敗。スクイズはないと決めつけた私のせいでもあった。

何度も何度も考え直した。あの場面でスクイズする作戦は、私の中では考えられなかった。それでも「裏の裏は表」になるように、私の作戦が読まれていたのかもしれない。ジャイアンツはそういう場面で絶対にウエストしないというデータがあったのかもしれない。いくら考えても、わかるものではない。あまりにも馬鹿げた発想だが、若松監督に聞いてみなければわからない。はっきりしているのは、スクイズを決められたという事実だけだ。

その事実とともに、私の記憶に悔しさが残っていた。だから必要以上の警戒心が芽生えたのだ。

勝負事の判断というのは「鼬《いたち》ごっこ」になってしまうことがある。今度はスクイズを警戒し、カウントを不利にしてしまうかもしれないし、その逆かもしれない。きりがないのだ。ヤクルトというチームは、油断も隙もならないチームで、何を仕掛けてくるかわからない強いチームだ。選手個々もジャッジメントプレーができる能力の高い選手が揃っている。優勝するための最大の敵になりそうだ。

▼8月1日　▼中日戦（東京ドーム）

川上に心の中で拍手

唸《うな》るしかなかった。七回二死、中日のマウンドには、川上がいる。打席は松井だった。カウントはフルカウント。ボールになる高めの速球に、松井のバットは止まらなかった。中途半端なスイングで、空振り三振に討ち取られた。

「これはまずいぞ」

攻略法が見つからない。打つ手がないままに試合は進んでいった。

スイングスピードが速く、ボールを引きつけて打てる松井でさえ、ボールを見極められなかった。試合後半になっても、川上は絶妙なコントロールで内角を攻めてきた。松井も当然、内角への意識が強くなっていた。内角の速球を打つためには、タイミングを早めに取らなければならない。ミートポイントを前にしないと打てないからだ。

三振に討ち取られたのは高めのボール球だが、「ボールだ」と判断した時は手遅れで、バットは止まらなかったのだ。この試合での川上のストレートは、それだけ打撃の始動を早めなければ対応できなかった。球威がある証拠だった。

試合前の攻略法も、裏目に出た。「球数を投げさせる」という指示は、消極的な考えからではなかった。ファーストストライクは、積極的に打ちにいく。ツーストライクに追い込まれたら、少しでも球数を投げさせるように粘り強くいく。川上は七〇～八〇球ぐらいで球威が落ちてくる。そこを捕らえれば……。うまくいかなかった。

序盤から内角を攻められ、歯車が狂った。川上の内角の球は、必要以上に意識してはいけない球だった。特に左打者に対しては、微妙に変化させてくる。ストレートの軌道を描き、手元で内に切れ込んでくるカットボールと、そのままストライクゾーンに真っすぐ吸い込まれるストレートを巧みに使い分ける。

右打者には左打者と逆回転の微妙なシュートをかけてくる。同じように内に切れ込んでくる内角球だった。この内角の球を見極めるために意識を集中させると、今度は外角でス

	1	2	3	4	5	6	7	8	9	計
中日	0	0	0	1	3	2	0	0	0	6
巨人	0	0	0	0	0	0	0	0	0	0

【勝】川上　6勝3敗0S
【負】入来　4勝2敗0S
【本塁打】福留12号、荒木1号

トライクを取りにくるのだ。

さらにドロンと抜ける緩いカーブも織り交ぜる。内角の速い真っすぐを意識すると、この緩いカーブが厄介になってくる。いちばん速いボールと、いちばん遅いボールの両方をマークして対応できる打者は、なかなかいない。ストライクゾーンの横幅を目一杯に使い、緩急《かんきゅう》でもタイミングを狂わす。追い込まれてから粘るという作戦は、あっさりと討ち取られる結果になった。

「これはやられるな」

思わず、つぶやいてしまった。八回無死から斉藤がサードフライに倒れた時、ノーヒットノーランを覚悟した。ふだんなら球威が落ちてくる球数だが、ノーヒットノーランという記録がかかっている。肉体的な疲労は、精神的な目的意識でカバーしてしまう。

あまりの投球内容に、変な当たりのポテンヒットや、ボテボテの内野安打でヒットにしたら、川上に失礼だと感じてしまった。

監督になって、初めてノーヒットノーランを達成された。しかし、心の中では川上に拍手を送っていた。負けは負けで、喜んでいるわけではない。野球を愛する人間という立場で、見事なピッチングをした川上という強敵に敬意を表したかっただけだ。

私の現役時代には、中日の近藤にノーヒットノーランをやられたことがあった。あの時の気持ちを思い出した。近藤のデビュー戦だったこともあり、とにかく、悔しかった。今試合で戦った選手も、私のあの時と同じ気持ちだろう。実際にヒットを打てなかったのは、グラウンドでプレーした選手たちなのだから。監督の立場と違い「心の中で拍手を送りたい」という心境には、とてもなれないだろう。

それでもチームは首位にいる。「浮かれるなよ。油断するなよ」川上のノーヒットノーランは、私たちにそう言っているようだ。気を引き締める。川上との次回の対戦を楽しみにしよう。今度はこちらが借りを返す番だ。

▼8月6日 ▼横浜戦（横浜スタジアム）

阿部の気迫という武器

勝負の行方が読めた。延長十一回表二死満塁、バットを構える阿部の気迫に、横浜のバッテリーが呑まれていた。フルカウントからの九球目だった。「真っすぐ一本でいい。阿部が試合を決めてくれる」阿部の発するオーラに、私も乗せられていた。

予想通りの真っすぐをジャストミートした。打球は、センターフェンスに直接当たった。高橋由がケガで離脱して三番に抜擢した阿部が、クリーンアップの仕事を果たした。

なぜ、阿部が打つと感じたのか？　フルカウントに至るまでのプロセスで、阿部の気迫を感じたからだ。

一球目は、ストレートでボール。

二球目は、スライダーで空振り。

三球目は、ストレートでボール。

四球目は、スライダーで空振り。

カウント二―二で、阿部は追い込まれていた。しかし、スライダーを強振する迫力は、横浜バッテリーを逆に追い込んでいる。スライダーに対して、あれだけバットを振られれば、スライダーは投げにくい。しかも、ボールになったとはいえ、真っすぐは見逃している。本来、マウンドの木塚《きづか》も強気の投手だった。力と力の勝負になった。

五球目は、ストレートでファウル。

六球目も、ストレートでファウル。

カウントは変わらない。カウント上では追い込まれていることもあり、ファウルの方向は三塁側で真っすぐに振り遅れたファウルだった。しかし、真っすぐを三球続けるのも勇気がいる。横浜バッテリーは、狙われているかもしれないスライダーをどこで投げるか、考えたはずだ。勝負にきた。

七球目は、スライダーでボール。

ストライクゾーンからボールになるスライダーだった。絶妙なコースに決まったいいボ

	1	2	3	4	5	6	7	8	9	10	11	計
巨人	2	1	0	0	0	0	0	0	0	1	3	7
横浜	0	0	1	1	0	0	0	1	0	1	0	4

【勝】河原　4勝2敗21S　【S】前田　2勝1敗1S
【負】木塚　1勝2敗2S
【本塁打】グラン9号

ールだ。それでも、阿部のバットは途中で止まった。このスライダーを見逃されてフルカウントになれば、もう投げるボールは真っすぐしかない。阿部が、圧倒的に優位な立場になっていた。

八球目は、ストレートでファウル。

ファウルになったが、タイミングは合っている。打ち損じただけだ。超一流の打者なら、ここで仕留めなければいけない。しかし、次にくる真っすぐを打ち損じない技術は、阿部にある。

ここでスライダーを投げれば、空振り三振に終わっていただろうが、横浜バッテリーにそんな余裕はなくなっている。私の予感通りに、阿部は決勝点をたたき出したのだ。

仮に初球と三球目の真っすぐがストライクゾーンにくれば、全く違う状況になっていたかもしれない。後で阿部に確認したが、阿部はストライクゾーンにきた球だけを待っていて、決してスライダーを狙っていたのではなかった。「絶対に打ってやる」という気迫がスライダーを強振し、あたかもスライダーを狙っているように感じさせたのだ。あの場面でも物怖《ものお》じせずに向かっていく阿部の強い気持ちが打たせた決勝打だった。

明大野球部の監督だった故・島岡吉郎さんが「人間力」という言葉を使っていた。非常にいい表現で、私も大好きな言葉だった。いろいろな解釈ができるが、この「人間力」がある人というのは「強い人間」のことを指しているのだろう。阿部には、ちょっとのことでは動じない強さがある。プレッシャーをプラスに変えるような「人間力」を持っているのだ。三番を打っていた高橋由が左踵《かかと》を痛め、ポッカリと空いたクリーンアップの一角は、阿部に任せようと決めた。まだまだ技術的には勉強し、努力しなくてはいけない要素がたくさんあるが、「人間力」が強い阿部ならこなしてくれると考えたからだ。

大役を任せる技術的な根拠もあった。ボールを怖がるタイプではなく、相手投手が右でも左でも苦にしないタイプだった。四番を打つ松井のためにも、前を打つ打者が日替わりでコロコロ代わるようではいけない。

私が現役の時も、三番打者が次々に代わるのは嫌だった。自分の前を打つ打者への攻め方を見て、その投手の調子を探ることもできるし、配球の傾向も分析できるからだ。松井と同じ左打者の阿部は、その条件を満たしている。唯一の難点としては、足が遅いということぐらいだった。

与えられた仕事が大きければ大きいほど、自分の力を発揮していく。昨年、阿部のリードは確かにチームの足を引っ張った。リードに関して「データよりも、自分のカンを大切にする」という阿部に、注意したことがあった。どう言ったかはっきりとは覚えてないが「自分のカンも大事だが、データを元にしたセオリーを勉強するのも大事なこと。お前のカンで打たれた投手はどうするんだ？　どうやって説明して納得させればいいんだ？」といったニュアンスだったと思う。

二年目を迎えた今季、その成長には目を見張るものがある。キャッチャーの育成には時間がかかるというが、立派な正捕手に育っている。陰から支える女房タイプではないが、ジャイアンツを堂々と支えきれる強い女房になってもらいたい。

育てる指導

▼8月10日 ▼広島戦（東京ドーム）

体勢は崩れていた。しかし、ここから粘れる。そういう打撃指導をしていた。打ちにいった川中は、バットの先っぽで引っかけるようにボールを拾っていた。第二打席と第三打席に見せたライト前ヒットだった。

ここ数試合、私は川中のフリー打撃につきっきりになっていた。強い打球も、大きな当たりも要求しなかった。徹底的に要求したのは、打球の方向だった。

「ショート方向に打てよ」

ゲージの後ろに張り付いて、口酸っぱく言った。

ショート方向の打球を要求したのは、足が速い川中の特性を最大限に生かしてやりたかったからだ。ポジション的に内野ではいちばん、一塁ベースまで遠く、送球が届くまでの時間がかかる。つまり、内野安打を狙える打ち方をさせたかった。

さらに左打者の川中が左方向に打つためには、ボールを引きつけて打たなければならない。ボールを引きつけて打つというのは、バットのヘッドが返りにくくなり、ヒットを打てるスイングのゾーンが広がる。バットのヘッドが返ってからでは、強い打球は打てないのだ。また、ボールを見る時間が長くなり、選球眼がよくなるメリットもあった。

私が指導するまで、右方向に引っ張って気持ちよさそうに練習していた。ジッとしていられなくなった。川中には内角の速いボールにも、そこそこ対応できるスイングスピードがある。しかし、そこに意識がいきすぎ、外角のボールや遅い変化球に対応できなくなるのだ。

確かにボールを引きつけて打とうとすれば、右方向へカチッとした強い打球は減る。しかし、川中は松井のように一発を期待して飛距離を求めるような選手ではない。確率の少ない一発よりも、少しでもヒットゾーンを広げ、出塁する確率をアップさせる選手になってほしかった。

身体能力に文句はない。守備では内野も外野も守れる器用さも持っている。しかし、何かが足りない。すべての面である程度の能力があるが、ずば抜けた長所もない。そういう選手は、せっかく持っている長所がぼやけてしまうのだ。「自分は何をすればいいのか」「首脳陣は何を求めているのか」がわからなくなる。しっかりとした方向性を与えてやる

	1	2	3	4	5	6	7	8	9	計
広島	0	0	3	0	0	0	0	0	0	3
巨人	0	0	0	3	2	2	0	0	×	7

【勝】上原　14勝3敗0S
【負】長谷川　8勝6敗0S
【本塁打】野村3号、緒方16号

ために、打撃指導に乗り出していた。

私が川中に求めているのは「スピード」だった。走塁面では高いレベルを求め、何度も怒鳴りつけたことがあった。次はスピードを生かした打撃だった。ただ漫然と打つのではなく、方向性を定めてしっかりとした目的意識があれば、迷いもなくなる。

プロ入りしてすぐにレギュラーになる選手は、技術面、精神面、体力面に卓越した能力を持っている。また、プロ入りして何年たってもレギュラーになれない選手は、指導者が足りないものは何かを考え、指導していかなければならない。

この試合で、川中は四打数四安打した。二本のヒットは体勢を崩しながら変化球を打ったヒットだった。ボールを引きつけ、左方向に打とうという意識がなければ、打てなかったヒットだろう。

けが人が続出し、代走だけでなく、川中への期待は大きくなっている。チームを助け、そして川中自身がレギュラーを取るためのチャンスでもある。

▼8月18日　▼中日戦（ナゴヤドーム）

日本プロ野球の改革

そっとバットを置いた。松井が、一塁に向かってゆっくりと走り出した。その表情には、何も出ていない。いつもと同じだった。四点をリードされた九回二死からの四球は、この試合で四個目の四球だった。さらにこの中日三連戦では、十三打席で七個目の四球になった。

いつもと変わらない表情と動作の意味が、特別なものに感じられた。強打者の宿命とはいえ、今カードの四球はさすがに多すぎる。勝負してもらえないもどかしさが、もっと松井の表情に見られれば、特別な感じはしなかったのかもしれない。

勝負してくれないもどかしさが怒りであるなら「仕方ない。お前はそれほど怖い打者なんだ」とありきたりな言葉をかけてやることもできた。しかし、そこには何もなかった。何もなかったというのは、呆《あき》れてしまっているのか？　松井にしかわからないことで、私に触れることはできなかった。

松井ほどの打者であれば、四球が多いのは仕方ない。試合に勝つために、相手も松井との勝負を避けなければいけない時がある。しかし、シーズン終盤に入り、優勝争いとは別の戦いも本格化してくる。タイトル争いだ。試合に勝つための四球なら納得できる。だが、日本プロ野球のタイトル争いでは、ただライバルを打たせないためだけの、勝敗を度外視した四球が多すぎる。

この傾向が、日本球界のイメージを悪くしている。横浜からメジャーに移籍した佐々木

	1	2	3	4	5	6	7	8	9	計
巨人	0	1	0	1	2	0	0	0	0	4
中日	0	0	1	0	0	0	7	0	×	8

【勝】山北　1勝3敗0S
【負】岡島　6勝3敗0S
【本塁打】ブレット6号、谷繁18号

は「力対力の勝負がしたい」と言って、海を渡った。私の独断だが、日本のプロ野球が「力対力の勝負」を避けて「姑息な野球」をしているとは思っていない。にもかかわらず「姑息な野球」をしているイメージがあるのは、この醜《みにく》いタイトル争いが原因のひとつになっていると思う。

日本野球は、投手のクセを盗んだり、捕手の配球の傾向を分析したりすることが、メジャーよりも活発だ。それは対戦するチームの数がメジャーよりも少なく、何度も同じ相手と戦うからだ。

作戦における緻密さという点でも、メジャーを上回っているだろう。メジャーのチーム構成は、たくさんの人種が入り交じり、言葉や文化の違いから、さまざまな齟齬《そご》が生まれる。ほとんど同じ人種ばかりで構成されている日本のチームが、メジャーのチームより緻密な野球を実践できるのは、当たり前だろう。

ペナントを争うリーグ構成や、チーム構成の違いから、勝つために緻密な野球を実践している。言い換えれば、緻密な野球ができないチームは、日本野球で勝ち残っていけなくなる。

投手と野手の個人同士の対戦でも、日米の違いがある。わかりやすい状況は、フルカウントの勝負だろう。ストライクで勝負してくる確率は、メジャーのほうが高い。日本ではストライクからボールになるフォークを投げ、空振り三振を狙うケースがメジャーより多いからだ。

しかし、それは四球を覚悟でアウトを取れる確率の高い方法を選んでいるだけで、決して力勝負を避けているからではない。よく日本に来たばかりの外国人選手が、フルカウントからフォークを投げられて空振り三振すると「フルカウントからボールになる球を投げるのは信じられない」といった表情をする。「見逃せば四球になるのに……。何故、ストライクで勝負しない」という心情なのだろう。

しかし、それなら見逃して四球を選べばいい。見逃す技術を持っていれば、こちらもストライクで勝負するようになる。現実的に最近では、メジャーでもフルカウントからボールになる変化球を投げる日本式の作戦が多くなっている。

私はメジャーの野球を実際には経験していない。今のは、あくまでも私見であり、「力対力の野球」を避けているのではないということが言いたかっただけだ。また、日本の野球がメジャーに追いつくためには、こういった「緻密さ」を追求していかなくてはいけない。サッカーでも同じで、肉体的に劣っている日本人が外国人に勝つためには、優れた戦術、緻密な作戦を実践できる技術を磨いていかなければならない。「緻密な戦術」に基づき、正々堂々とした野球を目指す。それは「姑息な野球」ではない。

タイトル争いをしている選手と勝負をしない。敬遠するといった風習が、日本には確かにある。そうした風習が「日本は姑息な野球をする」というイメージを増幅させているのではないか？　メジャーでもタイトル争いをするライバルが対戦する時には、勝負を避けるケースもあると聞いているが、この点については、明らかにメジャーのほうが正々堂々とした戦いをしている。

改善するためには、そのチームの監督と選手の意識の改革が必要だろう。また、日程的な改善も急務になっている。メジャーでは全球団が同じ日に試合が終わる。日本では最終戦の日程がチームによってバラバラで、同じ日にペナントが終わらない。当然、後に試合を残しているチームは、打率を下げないように選手を使わなかったりできるのだ。

まだ優勝は決まってないが、優勝が決まった後もタイトル争いは続く。消化試合での大きな楽しみのひとつに、タイトル争いがある。野球人気を支えてくれるファンのためにも、正々堂々としたタイトル争いで、野球界を盛り上げていかなくてはいけない。

特に難しいのは、打率、防御率のタイトルだろう。率を争うタイトルは、出場すればその率が下がる可能性がある。投手が防御率を争う場合は、まだいい。投げられるイニングには、体力的な限界があるからだ。しかし、打率を争う打者には、体力的な限界がほとんどない。毎試合、毎打席に出場するのが可能で、それを休ませると「姑息なイメージ」が強く植え付けられるからだ。

監督一年生の私にも、どこまで改善していけるのか正直、わからない。何度もタイトルを取っている松井だからこそ、正々堂々とした勝負をしようと言えるのかもしれない。チームにタイトルを初めて狙う選手がいた場合、監督としてなんとかしてやりたいと思うのは当然だ。私が「汚名」を被っても、その選手を引っ込めてタイトルを取らせてやりたいと思うだろう。タイトルを獲得している選手としていない選手では、その後の年俸も名声も違ってくる。

松井には、なんとしても三冠王を獲得してもらいたい。それと同時に、日本球界を盛り上げていくために「醜いタイトル争い」をなくしていきたいと思っている。正々堂々とした勝負の中で、語り継がれるようにタイトル争いが演じられ、語り継がれるようなタイトルホルダーが生まれてほしい。私がどこまでやれるか、自分でもわからない。間違いなく、みんなの協力が必要だろう。日本球界を繁栄させていくために、努力していかなければいけない問題でもある。

▼8月21日　▼横浜戦（東京ドーム）

斉藤の成長

とんでもない「クソボール」だった。斉藤のバットは、空を切った。同点で迎えた七回無死一塁、高校生でも振らないような高めのボール球に手を出し、三振した。

さすがにベンチに帰ってくる姿に元気はない。斉藤の落胆ぶりは、当然だろう。送りバントを失敗し、走者も送れずに三振したからだ。

初球は送りバントのサインを出した。投球はボールになり、バスターエンドランに切り替えた。ファウルになった。カウントが一―一となり、サインを再び送りバントに戻したが、失敗してファウルになった。

「しまった。最悪でも走者を二塁へ進めるために引っ張らないといけない」

さしずめ、打席の中の斉藤の心理状態は、こんなことだろう。次にきた高めのボール球を空振り三振した。その内容を見れば、私の推測した斉藤の心理は当たっていると思う。

左打者の斉藤が、一塁走者を二塁へ進めるためには、引っ張る必要があった。三遊間へのゴロでは、二塁は封殺される確率が高く、一、二塁間へのゴロならば、走者を二塁へ進められる確率が増すからだ。

そこに高めの速い真っすぐがきた。球を引っ張るためには、早めにタイミングを取らなければならない。バントを失敗している焦りもあって、高めの真っすぐを慌てて打つような感じになった。普段なら見逃せるボールも「引っ張る」と「バント失敗で焦っている」の二つの要素が加わり、手を出してしまった。

プロとして、決して誉められることではない。しかし、私の中で斉藤を怒る気持ちは全くなかった。カウント〇―一の時、私がバスターエンドランをかけなければ、もう一球、

	1	2	3	4	5	6	7	8	9	10	計
横浜	0	0	0	0	0	0	0	0	0	1	1
巨人	0	0	0	0	0	0	0	0	0	2×	2

【勝】條辺　2勝3敗0S
【負】バワーズ　4勝4敗0S
【本塁打】中村4号、吉永2号

送りバントをする機会があった。送りバントを決められなかった要因のひとつには、私も絡んでいる。そして責任を感じた斉藤は、なんとしても走者を二塁へ進めようとした結果の三振だった。もしあの場面で、引っ張ろうとせず、漫然と三遊間にゴロを打って併殺になれば、ひと言、言ったかもしれない。

「俺は最低でも走者を進めたかった。だから送りバントのサインも出したんだぞ。その意味がわからないのか？」

結果は出なかったが、そのプロセスに納得している。特に斉藤という選手は、打つのが好きなタイプだった。ストライクゾーンにきたボールに対し、自然にバットが出るタイプで、いろいろと考えて打つ選手ではなかった。打つことだけを純粋に考える「打つだけマシーン」のようなところがある選手だった。

そんな斉藤が、バントの失敗を悔やみ、チームのために進塁打を心がけるバッティングをした。低いレベルと笑われるかもしれないが、斉藤の失敗したプロセスに成長を感じた。怒るのではなく、注文をつけるとしたら、一球でバントを決められなかった技術と、バスターを決められるような技術と、高めのクソボールに手を出さないで引っ張れる技術を磨いてほしいということだ。斉藤自身も、技術的に未熟だったことは、わかっているだろう。

考える野球を実践する心構えが重要だった。考える習慣というのは、人間が成長していくうえで大切なことだと思っている。超一流の選手は、例外なく「考える」という一流の素質を持っている。清原などは、自由に打っていいと言っても、自己を犠牲にしたチームバッティングをする。

松井も、常に現状の自分に満足せず、新しい技術を追い求めている。桑田、工藤といったベテランも、向上心に溢れている。こういった「考える素質」を持った選手は、バッティングでもピッチングでも、プレーのどれひとつを取っても、勝手に進化していく選手達だ。斉藤は、その一歩を踏み出したのだ。

八月十三日のヤクルト戦で、斉藤は四打数四安打した。それまでの試合で、打つ時に体が開く悪いクセが出ていた。左打者の斉藤でいえば、右肩が早く動いて回転する打ち方だった。体が開いて打つというのは簡単に説明すると、体の力が外に逃げてしまって強い打球が打てなくなる。

斉藤の場合は「打ちたい、打ちたい」という気持ちが強すぎて、焦っている時にこのクセが出る。調子のいい時は「好球必打」で積極的な打撃になるが、悪い時はあっけない「早打ちタイプ」になってしまう。

「体が開いているから、ボールをよく見ていけ」と指示を出すと、意識しすぎて持ち味の積極性が消える恐れがあった。ではどうするのか？　四安打する前の数試合、私は斉藤に「待て」のサインを出し続けた。

見ているこちらが疲れてしまうほど、斉藤は我慢していた。調子を崩しかけている時だから「早く打ちたい」という気持ちは、尚更強くなっていたのだろう。打ちたくても「待て」のサインが出ていて打てないのだ。

私はノースリーでも「打て」のサインは頻繁に出すが「待て」のサインはあまり出さないタイプの監督だと思っている。その私が「待て」のサインを敢えて出した。我慢させることによって、体の開きはなくなっていった。

打率だけ見れば、斉藤はケガ人がいなくてもレギュラーを張って恥ずかしくない成績を残している。しかしたとえ、松井や清原と同じ数字を残していても「考える」という中身がまだまだ足りないのだ。ある程度、放っておいても心配がないというレベルには、達していない。レギュラーという地位は、そういった選手が務めるポジションだと思っている。

何も考えずに打っていた斉藤が、失敗を悔やみ、なんとか進塁打を打つことを考え始めた。レギュラーへの道を一歩踏み出した。

▼8月25日　▼阪神戦（東京ドーム）

真田が抑える根拠

投げた瞬間に、思わず目を瞑《つむ》りたくなる。一球一球、真田の指から放たれたボールは、ことごとく抜けている。きちっと指にかかっていないから抜けたボールになる。一点をリードした三回だった。アッという間に一死満塁のピンチを迎え、平下《ひらした》との勝負だった。打ち気が満々なのは、ベンチにいてもわかった。真田のボールを見れば、打てる自信がわいてくるのだろう。しかし、打ち気満々の平下の「欲望」が、裏目に出る。真っすぐも、スライダーも抜けてボールになる球なのに、バットを繰り出してきた。ことごとくファウルになった。

最後に投げたストレートも、また外角へ抜けた高めのボール球だった。打てるわけないクソボールに手を出した。空振り三振で、犠牲フライでも同点になるピンチの中でツーアウト目を取っていた。

運がよかった。実力で抑えたのではない。左打者とボールの抜けている右投手の対戦は、圧倒的に打者が有利になる。捕手は内角に厳しいボールを要求しにくくなる。内角を要求すれば、真ん中に抜けるからだ。打者心理も、死球への恐怖心が少なく、思い切って踏み込んで打てる。三振した時、平下はスライダーを狙っていたのだろう。打ち気にはやり、外角高めに抜けたストレートが、そこから真ん中に曲がってくるスライダーに見え、思わずバットを振ったのだろう。

舐められていた。追い込まれてスライダーを狙うのは、よほどの自信がないとできない。変化球に狙いをつければ、速い真っすぐへの対応が難しくなる。通常、追い込まれた時は

	1	2	3	4	5	6	7	8	9	計
阪神	0	0	0	1	0	0	0	0	0	1
巨人	1	0	2	0	0	1	1	5	×	10

【勝】真田　2勝2敗0S
【負】ムーア　9勝10敗0S
【本塁打】片岡9号、二岡18号、松井36号

速い球に意識を置いて、遅い変化球に対応しようとする。そのほうが、対応できる。平下がスライダーを狙ったのは、変化球を待っていても、真っすぐをカットできるか、打つ自信があったからだ。真田は、球種を絞ってしか打てないエース級の投手ではなかった。

ラッキーながら、なんとか平下を抑えた。しかし、次の打者は四番のアリアスだった。右対右の対戦とはいえ、一発がある。抜けたボールというのは、ボールに力がなく、長打を打たれる危険を多分に含んでいる。不安な視界の中で、真田は生まれ変わっていた。

初球は内角の真っすぐで、二球目は外角の真っすぐだった。両コーナーにきっちりと決まった。追い込んでからファウルで粘られたが、最後は遅い変化球でキャッチャーフライに仕留めた。このピンチを無得点に抑え、乗っていった。七回一失点でプロ入り二勝目を挙げた。

七月七日の阪神戦でプロデビューした真田が、ここまでローテーションで投げられるとは思っていなかった。なぜ抑えてこられたか、その根拠が見つからなかった。しかし、今試合で抑えた平下とアリアスの内容の違いに、その根拠が隠れていた。

調子が悪いながら、平下を抑えた。真田も、ホッとしただろう。そういう時に、隙ができる。しかし真田は、ラッキーな現象を勢いに変えた。別人が投げているように、直後のアリアスには完璧な内容で抑え込んだ。プラスの現象に油断して失敗する人間は、意外に多い。周囲の雰囲気に呑まれない図太いマウンド度胸で、勢いに変える能力があった。こういうタイプの人間は、意外に少ない。真田がなんとか抑えてきた根拠は、見えにくくわかりづらいところに隠れていた。

ど真ん中でも打たれないスピードボールがあるわけでなく、コーナーに出し入れするようなコントロールもない。アバウトに内外角のストライクゾーンに投げ分けるコントロールがあるだけだ。高卒ルーキーにしては、外に逃げるボール、内に切れ込むボール、沈むボールがある。球種が豊富で狙い球を絞りにくいタイプだが、ここまで抑えてこられた根拠にはなっていなかった。

プラスをさらに大きなプラスに変えられるタイプの人間は、自信をつければどんどん成長する。最初に先発させた時は「チームに勢いがつけばいい」と思っていたが、高いレベルに上げていちばん勢いをつけていたのは真田自身だった。

夏場には先発前日に門限を過ぎて宿舎を出ていたところを見つけたことがあった。

「なにやってんだ」

「コンビニに行こうとしただけです」

慌てた顔をしていた。本当だろうが、真田には私生活をしっかりとしてほしい。マネジャーにも、真田は厳しく監視するように伝えてある。

まだ高校を卒業したばかりで、体も完成されていない。練習を積み、自己管理さえ続ければ、ボールも速くなるし、コントロールもよくなる。精神的なたくましさは持っている。

精神的な強さというのは、いちばん鍛えにくいポイントだ。後は自惚《うぬぼ》れず、しっかりとした野球に取り組む姿勢を続けることだ。将来、ジャイアンツを背負って立つエースへ羽ばたいてもらうことを願っている。

▼8月27日 ▼広島戦（広島市民球場）
江藤よ、野球小僧の気持ちを思い出せ

乱打戦になっていた。七回表の攻撃で三点を返し、同点に追いついた。まだ、攻撃は続いている。打席には江藤が立っていた。一死二塁、タイムリーが出れば、勝ち越し点を奪える。ベンチの中で、私は願っていた。

「さあ江藤、いってみろ。思い切ってバットを振ってみろ」

タイムリーを願う気持ちとは、少し違っていた。江藤への気持ちは、勝負を度外視したものだった。この状況を楽しんでほしい。カウントは一―三になった。バッティングカウントだ。すべての条件が整った。後は、江藤が思い切ってバットを振ればいい。野球小僧だった頃を思い出して。

小林の投げた一二一キロの変化球に江藤は踏み込んでいった。左翼スタンドに打球は飛

んでいった。

バッティングカウントから甘い変化球を打ったホームランは、勝ち越しの二ランになった。プロとして、というより実績十分の江藤にとって、打つべくして打ったホームランかもしれない。

「よかったなぁ。気持ちいいだろ。その気持ちを忘れるなよ」

ダイヤモンドを一周する江藤に、語りかけていた。

見ているだけで、歯がゆかった。我慢の限界は、八月二十一日の横浜戦だった。江藤の調子が悪いことはわかっていた。しかし、調子が悪いこと、それ事態に腹が立ったわけではなかった。

真っすぐを狙うわけでもない。思い切って、変化球を待つわけでもない。ただ、漫然とバットを出しているだけのように感じた。真っすぐには詰まり、変化球は引っかける。必死にもがいているなら、それでよかった。「なんとかしよう」とか「なんとかしたい」という気持ちが伝わってこない。しかし、覇気すら感じられなかった。

試合後、監督室に呼び出した。

「チームのことは考えなくていい。自分のことだけ考えろ。ランド（ジャイアンツ球場）で打ち込んでこい。ミーティングが始まる時間にドームに来てくれればいい」

三日間の特打指令を下した。

	1	2	3	4	5	6	7	8	9	計
巨人	0	0	0	3	1	0	5	3	0	12
広島	0	0	1	1	0	5	1	1	0	9

【勝】河本　3勝0敗0Ｓ　【Ｓ】河原　4勝2敗24Ｓ
【負】小林　4勝5敗0Ｓ
【本塁打】松井37号、阿部14号、二岡19号、江藤15号、前田16号、西山4号

江藤という男は、マイペースというか、ノンビリ屋のところがあった。何かこちらがアクションを起こさなければ、このまま終わってしまうような危機感を持った。調子が悪いとはいえ、ケガ人が続出している今のチーム状態で、江藤をスタメンから外すのは勇気がいった。このまま放っておいても、突然、打つようになるかもしれないのだ。なにしろ、私の現役時代に江藤はタイトルを取っているバッターだった。その力は、十分に知っていた。危機感とは、野球を楽しむ気持ちを忘れてしまうのではないか、ということだった。

技術的なことよりも「野球小僧」だった頃の気持ちを取り戻してほしかった。技術の修正だけなら、江藤ほどの打者であれば、試合前に特打の時間を作ればいい。心の矯正だった。一心不乱にバットを振る。練習は苦しいだろう。しかし、試合に出て野球を楽しむための苦しさだ。原点に帰り、思い出してほしかった。

炎天下の中、必死に汗を流していたという。素足になって打ち込んだらしい。その練習方法は、江藤がまだ若い頃、広島でやっていた練習だった。足の裏で土を摑む感覚を養うものだ。精神的にも、原点を思い出すにはもってこいの練習だと思った。こちらも、江藤のために広島時代からお世話になっている内田打撃コーチとトレーナーまで付き添わせた。こちらの気持ちもわかっただろう。

慎重になるのはいいが、萎縮《いしゅく》するのはダメだ。私が監督として最も気をつかっているのが、選手を萎縮させないようにすることだった。二軍から上がったばかりの選手や、若手をスタメンに抜擢する時には「俺が起用すると決めたんだ。結果が出なくても、それは俺の責任。お前は思い切ってノビノビとプレーすることだけを考えろ」と言っている。まさか、江藤に若手選手と同じ言葉をかけるわけにはいかない。

「野球小僧だった時の気持ちを思い出せ」

私自身、ずっと気持ちの中で持ち続けている言葉だった。三日間の特打の指令とともに、江藤に贈ったプレゼントの言葉だった。

▼9月4日 ▼ヤクルト戦（大阪ドーム）

同じミスを繰り返さない

優勝への踏ん張りどころだった。二位・ヤクルトとの直接対決は、異様な雰囲気があった。相手はもちろん、二連勝を狙ってくる。こちらも「ひとつ勝てばいい」などと言ってられない。そんな気持ちなら、ひとつも勝てないだろう。

「相手は強い気持ちで向かってくる。こっちは、それに負けない気持ちで戦おう。優勝するチームが、いちばん苦しむチームなんだ。みんなで苦しもうじゃないか」

結果はどうであれ、気持ちで負けない試合をしたかった。気持ちで負けなければ、必ず結果はついてくる。それだけの力は持っているのだ。選手の目を見れば、この二連戦がどういう戦いなのかわかっている。それでも、ミーティングでの言葉に力が入った。

四回までに三点をリードしていた。五回裏一死二、三塁、ここで追加点を奪えば、圧倒的に有利に戦える。私は、打席の仁志にスクイズのサインを出した。

カウントは一―一だった。しかし、投球は外角のボール球だった。仁志はスクイズを空振りし、三塁走者・松井はアウトになった。

結局、仁志はセカンドフライに倒れ、無得点に終わった。ベンチに戻ってきた仁志に私は謝った。

「ボールだったな。悪かった」

ウエストされたボールではなく、決してバントができない球ではなかった。本人も、バントができなかったボールだとは、思っていないはずだ。それでも、敢えて謝ったのは、仁志だからだった。

スクイズのサインが出されたことに対して、複雑な気持ちもあっただろう。大抵の選手なら打ちたい場面でもあった。その時の仁志が、ふてくされているのか、スクイズ失敗を素直に謝れなかっただけなのかは、関係なかった。仁志という男が、次にこういった場面があった時、きちっと仕事をしてくれればいい。「次は頼むぞ」という願いを込めた私の謝りの言葉だった。仁志は「はい」とだけ答えた。どのように感じたか、聞いていない。

	1	2	3	4	5	6	7	8	9	計
ヤクルト	0	0	0	0	0	0	0	0	1	1
巨 人	0	1	0	2	0	0	0	0	×	3

【勝】桑田 9勝6敗0S
【負】藤井 9勝7敗0S
【本塁打】土橋1号、松井41号

きっとプレーで返事の意味を教えてくれると信じている。

優勝へのラストスパートをかける時期にきていた。ここ一番の試合では、仁志じゃなくてもスクイズのサインを出すつもりだった。チームがそのプレッシャーに打ち勝つには、まずは選手個人個人がプレッシャーに勝たなければならない。ここ数試合を振り返ると、不安が山積みだった。

八月二十八日の広島戦、同点で迎えた四回裏無死一、三塁だった。新井の三塁ゴロで、元木はホームに投げた。しかし、投げるタイミングが早く、三塁走者は三塁に戻り、打った新井もフィルダースチョイスで一塁へ。ひとつのアウトも取れず、満塁にしてしまった。早く投げすぎた以外に、もうひとつ元木はミスを犯していた。ベンチの指示は、併殺狙いだった。内野はどこのポジションでも併殺が狙えるポジショニングをしていた。「一点はくれてやれ。そのかわり二点目と三点目はやらんぞ」という作戦だった。併殺を狙いにいってミスをしたのなら、咎めたりしない。しかし、指示を守らずに送球も焦ってピンチを広げた。ミスを重ねたことになる。

結果的には先発・高橋尚が無得点に抑えた。ベンチの指示通りに併殺を狙っていれば、一点は失っていたことになる。しかし、結果オーライの野球では、強いチームは作れない。

八月三十日の横浜戦では、もっとお粗末なミスがあった。二点をリードした八回裏二死一、二塁だった。三遊間に転がった打球を三塁手・川中がジャックルし、内野安打にした。

続いて一塁のファウルフライを江藤がグラブに当てて落としてしまった。結局、アウトになっていたはずの中根が打ち直し、同点タイムリーを打たれ、ボロボロに逆転負けを喫してしまった。

打球を捕り損ねた二人のミスが悪いのではない。二人に共通したのは「自分で捕ってやる」という姿勢が見られず「誰かが捕ってくれないか」という消極的な姿勢だった。開幕前から言い続けている「消極的な成功より、失敗を恐れない攻撃的なプレーを心がける」という方針が守られていなかった。翌日の試合前には「お前たちの心の痛みはチームのみんなもわかっている。ただ、それからどうするかは、自分次第だぞ」と話した。

九月一日の試合でも、ミスをしていた。二点をリードした五回裏無死一、二塁から松井がセンターに弾き返した。しかし、二塁走者・二岡のスタートが遅れ、ホームに帰れなかった。二点リードなら思い切って突っ込む点差で、打者が松井なら外野は深く守っている。ましてや遅いゴロで二遊間を抜けた当たりだ。二岡も自分が足が速いことぐらいわかっている。次のプレーがどういう展開になったらホームに走るという準備ができていなかったのだ。

プレッシャーからくるミスなら、乗り越えるだけだ。しっかりミスを反省し、同じミスを繰り返さない。そうやって修羅場をくぐり抜けてこそ、チームは強くなる。ここ一番の試合で力を発揮できるチームにしたい。短期決戦の日本シリーズに勝つためにも。

▼9月7日 ▼広島戦（東京ドーム）

四番・松井とエース・黒田の意地

もう、任せるだけでいい。監督として、何もすることはない。一点をリードされた八回裏二死から、三番の阿部が四球で出塁。打席には、四番の松井だ。調子もいい。主砲の一発への期待も、大きかった。

第二打席には、広島の黒田からホームランを放っていた。内角一四四キロの真っすぐをバックスクリーンに放り込んでいた。見ている私も度肝《どぎも》を抜かれるような一発で、何よりも打たれた黒田がショックを受けていただろう。

一発の効果は、ただ得点を奪うというだけでなく、投手の心も打ち砕く。自信のあるボールを打たれたのだ。次に対戦する時など、並の投手なら勝負を避けたくなるものだ。さらに終盤を迎えた黒田には、疲れもある。敵は、打席の松井だけではなかった。

だが、エースの意地が、真っ向から四番打者に向かってきた。初球と二球目は、内角の真っすぐだった。一発だけは打たれていけない場面で、長打率の高くなる内角を攻めてきた。しかもホームランを打たれているボールだ。

「打てるものなら、もう一度、俺の真っすぐを打ってみろよ」

黒田の投げたボールからは、そんな叫び声が上がっているようだった。

	1	2	3	4	5	6	7	8	9	計
広島	0	1	1	0	0	0	2	0	0	4
巨人	1	0	0	2	0	0	0	0	0	3

【勝】黒田　9勝8敗0S
【負】工藤　8勝8敗0S
【本塁打】金本22号、木村拓5号、木村一4号、阿部15号、松井42号

黒田がエースの中のエースなら、松井も四番の中の四番だった。三球目の外角の真っすぐを空振りし、カウントは二―一。アッと言う間に追い込まれた。しかし四球目のボールになるフォークを見逃し、五球目のフォークをファウルした。

あれだけの気迫で威力のある真っすぐを投げ込まれたあと、ウイニングショットにしたフォークを見極め、ファウルにした。再び松井が、黒田を押し返した。

もう、黒田に松井を抑えるボールはない。私は九割方、松井が打つと思った。三球、ファウルが続き、ボールを挟んでまたファウル。空振りする球がなかった。少しでも甘い球になれば、松井はスタンドに叩き込んでいただろう。

勝負を決める十一球目が、投げ込まれた。「高い」と思った瞬間に、ボールが沈んできた。松井の大きな体も、思わず縮こまっていた。フォークのすっぽ抜けだった。それでも、今季からストライクゾーンになった高めの新ゾーンに、ボールは吸い込まれていた。

見逃し三振になった。

松井の頭の中で「死角」になっていた球だった。

「ボール球だ」と思った瞬間に、昨年までボール球だった新ゾーンに沈み込んだ。長い間、体に染み込んでいる選球眼では、ボールからストライクになる球ではなく、ボールからボールにしかならない球だった。黒田自身、狙って投げられる球ではない。思わぬ「失投」が、勝負を分けていた。

見ているだけで、熱くなるエースと四番の対決だった。広島の山本監督とは、解説者時代に「力のある選手同士が、もっと力と力のぶつかり合いを見せていけば野球のおもしろさがファンにも浸透する」と話し合ったことがあった。もちろん、黒田の性格と資質もあるが、山本監督の選手教育も、見応えのある対決をバックアップしたのだろう。

国民性の違いがあるが、アメリカとは違い、日本の野球は指導者の考え方が選手に反映される要素が大きい。それはプロだけでなく、少年時代から育《はぐく》まれていくべきだ。「胸と胸を突き合わせた勝負」を私も見せていきたいと思っている。ファンが喜び、子供たちに夢を与えるような野球を目指したい。

▼9月18日 ▼横浜戦（東京ドーム）
由伸よ、強い天才打者へ育て

本当に復活しているのか？ 真価を問う打席だった。七回裏、先頭打者で打席に立つ高橋由に対し、左のスリークォーター・河原がマウンドに上がった。

この横浜三連戦の初戦から、左踵を痛めていた高橋由が復帰した。復帰してからこの打席まで十打数四安打。残している数字を見れば「さすが」と思わせるものだった。しかし、私が安心するような打撃は、まだ見せていない。比較的、高橋由が苦にするような投手との対戦もなかった。初球だった。打ちにいった高橋由の姿は、私の求めていた姿と違った。恐る恐る、怖々とバットを振っていた。一塁ゴロで呆気なく終わってしまった。

試合は六―〇でリードしていた。点差もあり、気持ちが入らなかったのかもしれない。しかし、この勝負だけで終わるなら、それでもいい。あのような腰を引いたバッティングを見せれば、相手はまた高橋由の打席で荒れ球の左投手を起用してくる。「怖がりだから、内角を突け」という指令までついてくるだろう。ただでさえ、高橋由、松井と続く三、四番のクリーンアップには、左投手を起用してくる。簡単に弱みを見せるようではいけない。物足りないバッティングだった。

リハビリが順調に進み、復帰が間近に迫った時だった。当初、高橋由の一軍復帰は十六日からの今横浜三連戦からの予定だったが、十四日に行われた二軍の試合でスタメン出場してホームランを打った。十五日の阪神戦でもスタメンで使える。阪神戦の先発は右アンダースローの川尻で、復帰初戦には相性のよさそうなタイプだった。高橋由に一日早い復帰を打診した。

「スタメンで行けと言われれば、無理をしてでも出ます」

「十五日でも十六日でも復帰する日はお前の判断に任せる。その結論に俺は絶対に従う。とにかくチームに迷惑をかけないように決めてくれ」

	1	2	3	4	5	6	7	8	9	計
横浜	0	0	0	0	0	0	0	0	3	3
巨人	1	2	0	0	0	3	0	0	×	6

【勝】桑田　11勝6敗0S
【負】パワーズ　4勝8敗0S
【本塁打】古木3号、仁志7号、桑田1号

「チームに迷惑をかけない」というのは、無理をしてケガを再発させたり、あまりにも不甲斐ないプレーをしないように、という意味だった。もちろん、復帰は一試合でも早いほうがいいが、私は敢えて高橋由に判断を委《ゆだ》ねた。

責任感を持たせたかった。高橋由が無責任な男だとは思っていない。しかし、優柔不断のところもあり、どこかで逃げ道を作るようなところがある。言い方を変えれば、責任感が強すぎるから、自分で判断しないのかもしれない。「自分の決断だから、しっかりと責任を持てよ」というプレッシャーを与えたかった。そして高橋由は十六日の復帰を選択した。

スタメン出場での打順は決めていた。ケガの前と同じ、三番だった。高橋由がケガをしてからは、阿部が三番を務めていた。こちらが驚くほど阿部は活躍し、三番打者の役割をきっちりこなしていた。高橋由も阿部の仕事ぶりは知っていただろう。だからこそ、高橋由は「三番スタメン復帰」で決めた。久しぶりの一軍復帰というハンデの中で、相手投手だけでなく、絶好調だった「三番・阿部」とも戦ってほしかったのだ。

とにかく、高橋由には逃げ道を塞《ふさ》いでいくように、厳しく接している。七月十九日の中日戦は、八回までに六点をリードしていた。八回一死一塁という場面で、私は二番の二岡に送りバントのサインを出した。試合は大方決まっていて、二岡は絶好調だった。それでも、得点圏に走者を進め、三番の高橋由に打席を回したかった。

高橋由には、プレッシャーを与えて打たせたかったのだ。結局、送りバントの構えをした二岡が中日ベンチから野次られ、自由に打たせることになった。その二岡がホームランを打ったため、高橋由にプレッシャーをかける目論見《もくろみ》は実現しなかった。意地悪ではなく、プレッシャーに打ち克つ訓練をさせたかったのだ。

高橋由の持っている野球選手としての資質は、ずば抜けている。打撃自体で、高橋由が阿部から学ぶものは何もないだろう。タイプは違うが、その資質は、松井にも匹敵する。松井がじっくりと獲物を狙うタイプなら、高橋由は予期しないところからいきなり襲いかかってくる怖さを持っている。

私が野手総合コーチとしてユニホームを着た年、高橋由はプロ入り二年目だった。

「世の中にこんな凄いバッターがいるのか。まさに天才というのは、こういうバッターのことを指すのだろう」

あの時の衝撃は、今でも忘れられない。

打つだけでなく、守備力もトップレベルだ。左踵を痛めた八月三日の試合も、高橋由でなければ痛めなかったプレーだった。打球感もよく、普通なら諦める飛球も捕りにいける。その結果、ジャンプして着地した時に痛めたケガだった。

野球人として重要な「走攻守」のすべての素質を兼ね備えている。私が求めているレベルは、非常に高い。あとはどんな時にも逃げずに自分で判断し、堂々と戦える男になってほしい。そうなった時、高橋由に匹敵する野球選手は日本にいなくなるだろう。

▼9月22日 ▼ヤクルト戦（神宮球場）

待っていた男、清原

試合に出れば、結果はついてくる。優勝へのマジック対象チームになっているヤクルト三連戦の最後の試合だった。六回一死から清原がホームランを打った。止《とど》めの一撃でヤクルトに三連勝し、マジックを二にした。

言うことなしの三連戦になった。左太ももを痛めていた清原が、この三連戦から復帰していた。三試合での成績は、八打数五安打三打点。最後の打席はホームランで締めくくった。

ここまで復帰が延びてしまったのは、私の責任でもあった。忘れられない試合があった。七月二十四日の阪神戦だった。その試合でも、清原は左太ももの痛みを堪えてスタメン出場していた。「全力で走らなくていい」という指令のもとで、なんとか出場していたのだ。

二回一死から四球で出塁した。続く江藤が左中間へ二塁打を放つと、清原は猛然と三塁へ突進した。歯を食いしばり、鬼のような形相で走っていた。何かが違う。ただ、一生懸命に走るというだけの走りではなかった。

翌日の試合前に清原を監督室へ呼び出し、あの激走の真意を問いただした。

	1	2	3	4	5	6	7	計
巨人	0	0	0	2	1	3	0	6
ヤクルト	0	0	0	0	0	0	0	0

【勝】上原 17勝4敗0S
【負】藤井 9勝8敗0S
【本塁打】二岡23号、清原11号、仁志8号

「二、三日休んでも、左太ももはよくならないんです。それなら、壊れてもいいから全力でプレーしたかった。みんな頑張っているのに、自分だけ力を抜くようなプレーはしたくないんです。チームの足を引っ張るようなプレーはできません」

涙で、言葉は詰まっていた。私の胸は、締め付けられた。そんな気持ちでプレーしていた清原に、ここまで気づいてやれなかった。

「すまなかった。お前の気持ちがわかってやれなかった俺が悪い。しかし、俺は来年もお前と一緒に戦っていくんだ。そんな状態でプレーを続けさせるわけにはいかない。少しの間、考えさせてくれ」

この阪神三連戦では、乱闘が起こったように尋常な雰囲気ではなかった。そんな状態が、無理矢理に眠らせていた清原の闘争本能を揺り起こしてしまったのだろう。七月三十日に登録を抹消することを決めた。

私にとって清原の存在は、精神安定剤のようなものだった。前半戦、何度もチームのピンチを救ってくれた。代打にいるだけでも、安心できた。トランプで言えば、手持ちの札に切り札のジョーカーを持っているようなものだった。全力でプレーできない清原でも、チームにとっては大きな戦力になっていた。

あの全力疾走は、あくまでも戦力として考えていた私への無言の訴えだったのかもしれない。清原の性格を考えれば……。辛かっただろう。もっと早く察してやれば、こんなに苦しめずにすんでいた。泣きじゃくった清原の姿が、私の脳裏に焼き付いて離れなくなっていた。

堂々とした姿でグラウンドに帰ってきた。

「すまない。もっと早くケガを治すことに専念させてやればよかったのに」

それでも、最悪の事態を招く前に決断できた。ペナントは決まっていないが、これで日本シリーズには清原が大きな戦力になる。細心の注意を払って、清原を見守ってやろう。

謝罪と感謝

▼9月24日 ▼阪神戦（甲子園）

ナインに迎えられた。私の体が宙を舞った。何とも言えない感情が、湧き出てくる。

「これが優勝の胴上げなのか」

喜びが、一気に押し寄せてくるものではなかった。これまで味わったことがない得体の知れない感情が、ジワジワと体の中を満たしていくようだった。

苦しい戦いだったのか、苦しくなかったのかもわからない。ただ、一心不乱に戦った。それが苦しいのかどうか、わからなかったのだ。ただ感謝している。実際に戦った選手。

私をサポートしてくれたコーチ。陰からバックアップしてくれた関係者の人たち。そして温かく応援してくれたファンの人たち。すべての力が集まって優勝できた。

優勝監督としてどうだったかは、正直、わからないが、やるべきこと、やらなければいけないことは、すべてやった。やり尽したと思っている。監督一年生の私が「不動心」を掲げ、それを実践できたのは、長嶋前監督の存在抜きには考えられなかった。

現役を引退してＮＨＫと報知新聞社の解説者の仕事をさせてもらい、三年間が経《た》とうとした時だった。長嶋監督からコーチとしてユニホームを着てほしいという打診があった。都内のホテルで長嶋監督と会った。

「わかりました。私は誠心誠意、長嶋監督に尽します。だから監督も、私を可愛がってください」

「わかっている」

たわいもない約束かもしれないが、真剣だった。長嶋監督が本当に私のことを可愛がってくれるのか、わからなかった。現役選手として、私は長嶋監督の下で野球をしている。当時は私の力も衰え、十分に長嶋監督の力になったとはいえなかった。しかし、力足らずの私を見ている長嶋監督が、自分の後継者候補として指名してくれた。

監督をサポートするコーチが、その監督に忠誠心を誓えないでどうする。強いチームは作れない。勝つこともできない。わざわざ言葉にして言ったのは、私なりのけじめをつけ

	1	2	3	4	5	6	7	8	9	10	11	12	計
巨人	0	1	0	1	0	0	0	0	0	0	0	0	2
阪神	0	0	0	0	0	1	0	0	1	0	0	1×	3

【勝】安藤 3勝5敗0S
【負】前田 4勝4敗1S
【本塁打】阿部17号、今岡14号、濱中18号

るためだった。微塵《みじん》の偽りもない強い気持ちで、長嶋監督に仕える決意を固めた。

それでも、私の力は足りなかった。勝つためにどうするのか、必死に考えた。しかし、野球知識も未熟で、実戦経験もない。

「俺はよく、こんなんで解説者なんてやっていたよな」

現実は厳しかった。あの程度の知識で解説者の仕事をしていた自分が、恥ずかしくなったほどだ。

勝つため、チームを強くするために考えた作戦は、長嶋監督の足を引っ張ったこともあった。フルカウントから自動エンドランになる「オートマチック」という作戦は、今では臨機応変に使い分けている。しかし、あの頃は絶対だった。送りバントも絶対にさせないシフトを組んでいた時もあった。エンドランを掛けられ、裏をかかれた。裏をかかれるというのは、敗北に近づくことになる。勝負事に絶対はない。やられ続けて、気がついた。

長嶋監督はいつも私のやろうとする作戦に対し、寛大だった。「タッちゃんの思い通りにやれ」といった感じだった。長嶋監督とともに強いチームを作ろうという私の忠誠心をわかってくれたからだろう。あの頃の失敗がなければ、今の私は同じ失敗を繰り返していただろう。監督一年目で優勝できたのは、あの三年間があったからだ。

ただのコーチでは経験できない経験も、させてもらった。オープン戦では、采配を任された。オープン戦の序盤は選手のコンディションを優先させた采配だったが、終盤は違ってくる。初めてエンドランのサインを出した時は、全身の毛が逆立つような興奮があった。

今季、前半戦から落ち着いてエンドランを多用できたのも、その時の経験があったからだ。長嶋監督が勇退を決めた昨シーズンの終盤は、本番での采配も任せてくれた。わずか二十試合ほどだったと思うが、机の上では勉強のできない貴重な実戦経験をさせてもらった。

「これからは原監督のチームだ」

監督室に呼び出され、直立不動でいた私に監督のバトンを授けてくれた。「監督も可愛がってください」と言ってコーチを引き受けた自分が恥ずかしくなる。私への可愛がり方は、一コーチの枠を越えていたのだ。迷惑をかけ、未熟者だった私の存在を温かくバックアップしてくれた長嶋監督には、感謝の気持ちのあまり、適当な言葉が浮かばないほどだ。

長嶋監督のもとで戦ったダイエーとの日本シリーズも、よく覚えている。初戦と二戦目に連敗した。短期決戦で流れを変えるためのアイデアを求められ、コーチ陣は黙ってしまった。何も発想が浮かばないのだ。

「清原を三番にするぞ」

鶴のひと声だった。あの時の長嶋監督の迫力は、今でも脳裏に焼き付いている。私の考えでは、足の遅い清原を三番にする発想はなかった。しかし、そのオーダーが当たり、逆転で日本一を決めた。チームがピンチに陥った時、監督である人間はこのような迫力と発想力を持たないといけないと心に刻まれている。

そしてまだ、西武との大一番が待っている。この日の胴上げは、延長戦の末、サヨナラ負けを喫しての胴上げだった。私の感情はともかく、ファンのためにも日本シリーズではすっきりと勝負を決めたい。

▼10月26日 ▼日本シリーズ開幕戦（東京ドーム）

自分たちの野球

プレーボールの声は、瞬く間に歓声でかき消された。日本シリーズ開幕戦のマウンドを託した上原の初球だった。西武の先頭打者・松井が、センター前に弾き返していた。

スタートの切り方という点では、西武は最高の一歩を踏みだし、こちらは最初に躓《つまず》いたスタートになった。出だしよく、流れに乗るために、西武は次の攻撃で送りバントをしてくるだろう。こちらも、そのまま転ぶわけにはいかない。私の頭の中に、次の送りバントで手堅く一塁をアウトにし、一死二塁から始まる勝負が浮かんだ時だった。

これも初球だった。二番・小関が、バントでゴロを転がした。その瞬間、捕手の阿部が動き出す。その動きには、一片の迷いもなかった。目の前に転がったボールを素早い動きで拾うと、二塁へ勢いよく腕を振った。間一髪、松井の足よりも、送球は早かった。二塁審判はアウトのコールを告げた。

果敢なプレーだった。日本シリーズ開幕戦で選手は「どうしても最初のアウトがほしい」という心境になる。ましてや、一塁走者は俊足の松井だった。決して上手いバントではなかったが、あの状況で阿部が手堅く一塁へ送球しても、阿部を責める人間はいないだろう。スタートでの躓きは、阿部のワンプレーで取り返した。「いけるぞ」私だけでなく、チーム全体に勇気を与えてくれた。

形勢不利の状況を阻止した安堵《あんど》感より、私の心は充実感で満たされていた。「消極的な成功よりも、失敗を恐れない攻撃的なプレーを心がける」監督に就任して以来、何度も言ってきた言葉が選手の気持ちの中に根付いている。日本シリーズという大舞台で、少しも臆することなく勇猛果敢なプレーをできる。自分たちの野球を実践できる。「俺たちの力を西武に見せてやるんだ」心の中で叫んでいた。

自分たちの野球に徹した時は、些細なミスも打ち消せる。清水の二ランで先制した三回無死一、二塁、四番の松井のカウントが二―三になり、私は自動的にエンドランとなるオートマチックというサインを出した。しかし松井は空振り三振し、二塁走者の二岡も三塁

	1	2	3	4	5	6	7	8	9	計
西武	0	0	0	0	0	0	0	0	1	1
巨人	0	0	4	0	0	0	0	0	×	4

【勝】上原　1勝0敗0S
【負】松坂　0勝1敗0S
【本塁打】カブレラ1号、清水1号、清原1号

でタッチアウトになった。

押せ押せムードの時、私は強引に動く時がある。しかしあの場面は、少々、強引すぎた。西武の先発・松坂は力で押してくるタイプで、決してコントロールがいいタイプではない。フルカウントとはいえ、ボールになる確率も高く、ストライクがきても空振りを取る球威を持っている。オートマチックをかけるには、リスクが多い投手だった。

私のミスといっていいだろう。しかし、ペナントでも多用した作戦だった。普段通りの野球に徹し、うまくいかなかっただけだった。選手たちに動揺はなかった。逆に「失敗を取り返してやる」という力に変えてくれた。

続く清原が右翼スタンドに二ラン。失敗を帳消しにするどころか、それ以上の結果を出してくれた。先発の上原も尻上がりに調子を上げて九回を一失点。この回に奪った四点を守りきって初戦をものにできた。

プレーボール前の開幕セレモニーで、思わず目頭が熱くなった。選手一人ひとりが名前を呼ばれ、グラウンドに飛び出していく姿を、私はジッと見ていた。どの顔も、緊張していた。みんないい顔つきをしている。

「日本シリーズで野球がやれるんだ。みんなと一緒に、この大舞台にたどり着けたんだな」

リーグ優勝した実感が、一気に押し寄せてきた。胴上げされた時よりも、祝賀会で味わった喜びよりも、その実感は大きかった。

まだ初戦を制しただけだ。勝負の行方は、当然、わからない。しかし、自分たちの野球は、この大舞台でも実践していける。それだけは、確かな手応えとして残っている。

▼10月27日　▼日本シリーズ第2戦（東京ドーム）

勝利への意識

全てを追求する「野球人」がいた。三回無死、先頭打者・桑田が、打席に入った。投手である桑田が、打席に立ったわけではない。ヒットを打つためだけに、全能力を発揮しようとする本能が溢れていた。「投手だから」という甘えはない。完全な戦闘態勢に入った真の打者になっていた。

たった二球で追い込まれた。しかし、カウント二―〇になるまでに、桑田はしたたかに「餌」をまいていた。「外のボールは打ちませんよ」という「餌」だった。西武の石井、伊東のバッテリーは、この「餌」に食いついてきた。外角のストレートで、三球勝負にきた。ベースから離れて立っていた桑田が、いつの間にかベースに近づいている。センター前に弾き返していた。

野手顔負けの打撃センスと技術が生んだヒットだった。この後、打線は五連打し、この回に一挙六点を奪った。マウンドに戻った桑田は、打者から一流の投手に戻った。走者を出しながらも併殺で切り抜け、七イニングで一失点。九―四で連勝した。

野球人・桑田は、いろいろな顔を持っている。「投手・桑田」、「打者・桑田」だけではない。「走者・桑田」もいる。夏場頃だった。西岡か、鈴木か、どちらの走塁コーチだったか覚えていないが、桑田からのメッセージが届けられた。

「桑田が盗塁のサインを出してほしいと言ってます。無警戒だし、絶対に成功させる自信があるそうです」

私は驚いてしまった。成功させる自信に驚いたわけではない。投手でもある桑田が、走者としても、そこまで考えているという事実についてだった。

「そうか。でも投手にスチールのサインは出せない。スライディングや送球が当たってケガをさせたら、俺が後悔する。いつの日か、頭を下げて盗塁させる試合があるかもしれない。でも今はそれはできない。その日が来るまで待っていてくれと伝えてくれ」

そう言付《ことづ》けて、桑田の「ありがたい申し出」を断った。

野球に対する強い姿勢の表れだった。試合に勝つためには、なんでもやる。野球人としてできるプレーは、全力でやる。そこに桑田が桑田でいるための姿勢が詰まっていた。野球人として、決して恵まれた体格ではないが、ここまでやってこれたのも、マウンドで驚

	1	2	3	4	5	6	7	8	9	計
西武	0	0	0	0	0	1	0	2	1	4
巨人	1	0	6	0	0	0	2	0	×	9

【勝】桑田　1勝0敗0S
【負】石井　0勝1敗0S
【本塁打】カブレラ2号

異的な粘り強さを発揮できるのも、その強い姿勢があるからだった。

そんな桑田の持つ姿勢を買って、第二戦の先発に抜擢した。日本シリーズ第二戦というのは、「勝利」を重視した試合だった。開幕戦は「エース」が投げる試合で、上原が投げる試合だった。「エースが投げて負けたのなら、仕方ない」と諦められる試合で、勝負を度外視した気持ちだった。

二戦目は違う。絶対に負けられない試合だと決めていた。開幕戦で負けていれば、絶対に負けられない試合になる。逆に開幕に勝っていれば二連勝することで絶大なダメージを負わせられる。そして日本シリーズ前に集めたデータを初戦で試し、二戦目で再確認する試合でもあった。

防御率のタイトルを取っているように、数字的にも上原に次ぐ成績を残している。そして東京ドームで戦う試合は、ＤＨ制ではなくシーズン中と同じで投手が打席に立つ。桑田の打撃を生かさない手はなかった。

その勝利を強く意識した第二戦は、勝利を強く意識している桑田に託した。連勝した。数字的には優位な立場で日本シリーズを戦える。あとは油断しないことだ。少しでも気を緩めれば、西武もそこを突いてくるだろう。リーグ優勝したチームは、そんなに甘いチームではない。

▼10月29日 ▼日本シリーズ第3戦（西武ドーム）

限定一試合の先発

「任せたぞ」のひと言で十分だった。日本シリーズがどういうものか、十分にわかっている。西武がどういう野球をするのか、十分にわかっている。DH制の試合のリズムがどういうものか、十分にわかっている。百戦錬磨のベテラン左腕・工藤を第三戦のマウンドに送り込んだ。

日本シリーズでは実績十分の工藤だが、今シリーズでは一試合限定の先発だった。余分な力は残さずに、全能力を注ぎ込んでほしかった。このベテランは、たったの一試合という事実に、プレッシャーがかかるような選手ではない。あとのことは考えなくていい。なんとかこの試合だけに集中して勝ってほしかった。

体力的な配慮もあり、工藤の先発は第三戦か、第四戦か迷った。第三戦に先発した投手は、第五戦以降に縺《もつ》れ込んだ時に、リリーフで起用できるからだった。若さを買って、高橋尚の名前も私の頭の中にあった。

西武とウチのチームの戦力を比べた場合、劣っている部分は中継ぎ陣だった。その弱い部分をカバーするため、年齢的にも回復力がある高橋尚をここで先発させる手もあった。しかも、高橋尚はシンカーを武器にする左腕で、パ・リーグにはいないタイプだった。前

	1	2	3	4	5	6	7	8	9	計
巨人	0	1	2	4	0	0	1	2	0	10
西武	1	0	0	0	0	0	0	1	0	2

【勝】工藤 1勝0敗0S
【負】張 0勝1敗0S
【本塁打】清原2号、二岡1号、高橋由1号、松井（稼）1号

回の日本シリーズでも、強力打線を誇ったダイエーに好投していた実績もあった。

それでも、工藤に先発を託した。

第三戦の舞台は、敵地での初戦になる。東京ドームとは一変した雰囲気になる。連勝していれば問題ないが、先発を決める時点でそんなことはわかっていない。連敗していれば、流れを変える必要にも迫られる。そうなれば、高橋尚では荷が重い。「この一試合だけでいい」と言って、限定一試合の先発マウンドにしたのは、ベテランの実力にかけたからだった。

シーズン中から工藤には、あまり注文をつける必要がない。実績は十分で、こちらがとやかく言わなくても、コンディション作りも任せておける。とにかく、私の考えている方針を伝えるだけで、きっちりと仕事をこなしてくれるからだ。

微力ながら、援護したつもりだった。第二戦に先発した桑田を七回で交代させ、左腕の岡島と前田をリリーフさせた。左投手を相手に、西武打線がどういう打撃をするか、見るためだった。

工藤には必要ないかもしれないが、リードをする阿部の参考になり、スコアラーも左投手に対して西武打線がどうなるか、資料が集まる。打者にもよるが、ほとんどの打者は左投手と右投手で攻略法も違ってくる。全くわからない相手と対戦するよりは、少しでもデータがあったほうが、戦いやすい。データを揃えれば、初めて対戦する相手に対し、迷いのない思い切った作戦を実施できる。初戦は上原が完投し、第二戦も桑田が完投ペースだった。敢えて左投手にリリーフさせたのは、この後に先発する左腕のことを考えたうえでの継投だった。

初回に一点を取られたが、立ち上がりが悪いのもシーズン中と一緒だった。すぐに清原が同点ホームランを放ち、試合を振り出しに戻すと、後は尻上がりにペースを上げていった。八イニングで二失点。さすがのひと言だった。打線も二岡が満塁アーチを決めて、一〇―二で大勝できた。

今シリーズ用に宮崎で合宿した初日、私は尿管結石になった。痛みで寝ることもできなかった。

「大事なシリーズ中に痛みが出なければ……」

不安があった。翌日の早朝には報道陣に悟られないように病院に行った。練習中もポケットに痛み止めの薬をしのばせ、選手にも内緒にした。

しかし、シリーズに入ればそんなことは全く気にならなくなっていた。集中できている証だろう。

私が現役時代、近鉄との日本シリーズで三連敗した後に四連勝して日本一になった。最後の最後まで油断できない。

日本シリーズで西武には、四連敗して負けたこともある。西武というチームの怖さは骨身に染みている。一戦必勝のスタイルで、第四戦に挑むだけだ。

▼10月30日　▼日本シリーズ第4戦（西武ドーム）

まだプロローグ

勝利への執念が伝わってくる。五回に同点に追いついた伊原監督が、ピッチャーの交代を告げた。

「ピッチャー・松坂」

開幕戦で打ち込まれたエースを再び第四戦のマウンドに送り込んできた。三連敗し、崖っぷちに追い込まれていた西武が、勝負をかけてきたのだ。

相手が強い気持ちで向かってきた。シリーズ全体の流れを変えたいのだろう。負けられない。ここで気後れしたら、相手の思う壺だ。引くわけにはいかない。特に気持ちで怯《ひる》むわけにはいかなくなった。私は押し返す「隙」を狙っていた。

チャンスはすぐに巡ってきた。先頭打者の高橋由が、死球を受けた。苦痛に顔を歪め続けている高橋由に、代走を告げた。大きなケガではなかったが、このまま走者に残しても、盗塁をさせられる状態ではない。同点に追いついた直後にエースをリリーフさせ、敵が強気に出てきたところで、こちらも勝負をかけたかった。敵の出鼻を叩く。代走の鈴木には、盗塁のサインを出していた。

盗塁は成功し、続く阿部も死球を受けた。松坂は、浮き足だっている。続く斉藤が、勝ち越しタイムリーを放った。

ここで叩きつぶす。そうすれば、日本一は決まるといっていい。江藤に代えて、代打には後藤を指名した。松坂が登板した時、私の頭の中にはいつも「後藤」の名前が浮かんでいた。

シーズンが終わり、日本シリーズに向けて宮崎で合宿をしている期間だった。私の顔を見る度に、後藤がしゃべりかけてきた。

「監督、ボクは松坂に強いんですよ」

「ほう、真っすぐは速く感じないのか？」

「全然、速く感じないっす。出してくれたら、絶対に打ちますよ」

ただし後藤はいつも強気で、本当に起用していいのか、判断の難しいところがある。成績を調べてみた。ここまでの後藤と松坂の対戦は、六打数三安打一本塁打だった。確かに打っている。ここ一番の場面があれば、後藤を代打で起用するつもりでいたのだ。

「相手はお前のことを苦手だと思っているぞ。思い切っていけ」

すでに自分の世界に入っている後藤だが、もう一度ハッパをかけた。

	1	2	3	4	5	6	7	8	9	計
巨人	0	2	0	0	0	3	1	0	0	6
西武	0	0	0	0	2	0	0	0	0	2

【勝】高橋尚　1勝0敗0S
【負】松坂　0勝2敗0S
【本塁打】斉藤1号、エバンス1号

期待通りに初球を叩いた。勝負を決める二点タイムリー二塁打だった。西武の息の根を止めて、日本一を達成できた。

結果的には四連勝で日本一を決めた。しかし、ひとつも負けなかったのは、偶然だと言っていい。何が起こるかわからない短期決戦での大一番は、戦力的に優位なチームが絶対に勝つとはいえない。長いペナントよりも、偶然性が高くなる。四勝〇敗という成績が、そのままジャイアンツとライオンズの実力差ではない。

しかし、二戦目を終わった時、私は強さの「質」の違いを感じた。その「質」の差が上手く出て、今シリーズで圧勝できた要因になったと思っている。

象徴的だったのが、両チームの四番打者の違いだった。

西武の四番・カブレラは、私の予想よりはるかに凄い打者だった。上がってきたデータでは「飛距離は松井より上だが、穴が多い」というものだった。具体的に言えば、内角高めの速い真っすぐが弱点として挙げられた。

しかし、実際に対戦してみると、その弱点をカバーする「頭脳」が優れていた。初戦は内角の真っすぐを詰まりながら左翼スタンドに運んだ。二戦目は外角の真っすぐを右翼スタンドに運んでいる。苦手な内角を狙って打ったと思えば、今度は内角を狙っていると見せかけて外角を打ったホームランだった。

捕手の阿部に聞いてみたが、一度バットを構えてから投球までの間にスタンスの位置を変えて狙いをつけてくるのだ。頭のいい打者で、このようなタイプの打者は、穴があるようで穴がない。パ・リーグでホームランを量産したのにも、納得した。

では、同じ四番の松井との「質」の差はなんなのか？　それは「フォア・ザ・チーム」に徹する「質」の違いだった。

初戦三回無死一、二塁、フルカウントになって私は自動エンドランになるオートマチックのサインを出した。出したといっても走者に出しただけのつもりで、松井はいつものように打てばよかった。ボールなら見逃し、ストライクなら打てばいいからだ。しかし、松井は打席を外し、サインの確認を求めた。

結果は三振ゲッツーで終わったが、私はその松井の姿勢に感動した。試合後、宿舎で顔を合わせた時に声を掛けた。

「ゴジ、お前は凄いな。俺が現役だった頃、あんな場面でサインを確認するなんてできなかったぞ」

松井はニッコリと笑った。自由に打っていい四番打者が、チームプレーを考え、サインの確認を求めた。個人が打つだけでなく、勝利を追求するチームのことを考えた姿勢の表れだった。

一方のカブレラは、打つことに集中していた。第二戦の四回無死一塁、カウント〇—三になった。私はカブレラの打席に注目していたが、サインが出ているかも気にする仕草はなかった。

この時、すでにジャイアンツが七点をリードしていた。進塁打を狙うまでの必要はないが、ベンチから見れば一人でも走者を貯《た》めていきたいところだろう。実力のある四番打者が四球を考えずに打つことが悪いとは思わない。それでも七点差がある状況を考えれば、一球待ってもいい状況だった。ベンチもこういった状況でもカブレラには「一球待て」のサインを出さないで戦ってきたのだろう。結果はカウント〇—三からレフト前へヒットを放った。

もちろん、カブレラは一発があり、自由に打ってもいい実力がある。しかし、松井はその実力はあるにもかかわらず、チームの方針を確認した。

四番打者として、打つことに集中したカブレラと、チームのことを最優先して気を配りながら打つ松井との違いだった。どちらがよく、どちらが悪いということではない。四番打者が自由に打って勢いをつけて勝ちにいく野球と、四番打者でもチームプレーを大事にして勝利を追求していく野球の「質」の違いだろう。今シリーズでは、四番である松井の姿勢が代表するように、ジャイアンツの野球の特性が最大限に発揮された。選手一人ひとりがチームのことを考え、少しの「隙」も見せずに戦えた結果が、四連勝という結果を残したのだと感じている。

大目標にしていた日本一の夢を達成できた。しかし、もちろん終わりではない。来年の目標が「連覇」という目標に変わっただけだ。目指している野球は、もっと高いレベルの野球だ。まだプロローグ。エピローグは永遠にこない。

第四章　モノローグ　引退を決めたホームラン

悪夢の始まり

体の中で、嫌な音がした。本当に音がするかは、わからない。とにかくそれが、激痛を教える合図だった。古傷の左アキレスけんの悲鳴だった。

一九九四年三月二十三日、まだ寒い季節だった。私は前橋で行われたヤクルトとのオープン戦にスタメン出場していた。二回裏一死、打球はショートへ転がった。ショートに転がる打球を打った時、右打者の私の体は左に回転している。その勢いを左足で受け止め、逆方向に位置する一塁ベースに向かって蹴《け》り出さなければならない。

打ち損じだ。焦りもある。オープン戦とはいえ、今の私の立場は、結果を残さなければ試合に使ってもらえない。走ろうとした瞬間、猛烈な痛みが動きを止めてしまった。

三回からの守備にはつけず、そのままベンチに下がった。このままプレーを続ける状態ではない。それどころか、しばらくはトレーニングすらできないだろう。開幕戦にも間に合わない。足の痛みより、心の痛みのほうがこたえた。

失意のまま東京に帰り、治療に専念した。

思いの外、患部の状態は悪くなかった。痛めてから十日ほどたち、暖かい天気に誘われてバットを持った。この日は、特に痛みを気にせずに動けた。フリー打撃を再開した。徐々にペースが上がってきた。宮崎キャンプから調子はよく、左アキレスけんの痛みさえなければ、調整は上手くいっていたのだ。

「この分なら四月中には一軍復帰できる」

気持ちだけが、先走っていた。

フリー打撃を開始して一週間、落とし穴が待っていた。

患部の違和感も薄らいでいる。フリー打撃で力を入れた。再びあの嫌な音が聞こえてきた。ピリッとした音ではなく、ブチッという音だった。音だけでなく、今までとは痛み方まで違う。古傷が痛む時、いつもは悔しくて、歯がゆくて、自分自身に腹が立った。しかし、この時は考え方まで違った。

「ダメだ。これはいかんな……」

現役の野球人生の終わりを覚悟した。翌日には練馬総合病院へＭＲＩ（磁気共鳴診断装置）検査を受けに行った。

検査の結果は、二日後に出る。病院に行く当日の朝、目が覚めると、自分でも驚くほど落ち着いていられた。どこから聞いたのか、自宅には新聞記者が来ている。家に招き入れ、一緒に食事をとると、病院にも連れていった。

診断を聞くために病院の一室に入った。私の表情を見て、医師が驚いたように話しかけてきた。

「もう野球ができなくなるかもしれないんだよ。なんでそんなに落ち着いていられるんだい」

落ち着いた表情を見たからではなく、診断を聞く時にまで、新聞記者を連れてきたからだろうか。

「僕は今までずっと、いつ辞めても悔いのない野球人生を歩んできたつもりですから」

すぐに答えられた。覚悟があったからだ。「引退しなきゃいけない」と言われても、それで諦めがついた。新聞記者を連れてきたのも、隠し立てをするつもりがなかったからだった。

診断は「左アキレスけん部分断裂」だった。

引退しなくてすんだが、二週間は安静で、復帰は六月上旬になる。すぐにギプスをはめ、松葉杖をついて歩くことになった。

昨年の成績は九十八試合に出場し、打率二割二分九厘。ホームランも十一本に終わっていた。今年は巻き返しのシーズンのはずだったが、さらに過酷なスタートラインからの出発になった。

ケガをして野球人生が終わるなら、それは本望だった。しかしまだ終わっていない。アキレスけんは、ギリギリのところでつなぎ止められているのだ。自分の現役生活と同じ状態で、ギリギリのところで踏みとどまった。体が保《も》つなら、気力は十分にある。

「このままで終われるか！」

自分に向かって吹いている逆風が強ければ強いほど、あおり立てられる「心」があった。沈んでいた闘争心は、逆風の中で強くなった。

意地の逆襲

左足首を固めていたギプスを二週間ぶりに外した。体だけでなく、心まで解放された気分だった。

動かせないでいた左足は自分の足とは思えないほど、か細くなっていた。しかし、嫌な印象はなかった。左アキレスけんにいた疫病神がいなくなり、そのぶん細くなっただけだ。翌日の練習には、バットを持っていた。感触を確かめたかった。

スイングする。痛み具合がどうなのかを確かめた。いきなりバットを持ってトス打撃を始めようとすると、トレーナーから止《や》めるように言われた。聞けるわけはない。動けると思ったら動く。バットが振れると確かめられたら、ペースを上げていく。自分の体は自分がいちばんよく知っている。

一一〇スイング。思っている以上に足の状態はよかった。

目標は五月中の復帰だった。自分の中で復帰へのスケジュールを立てた。しかし一軍へ報告すると、煮え切らない反応が返ってきた。

「二軍の試合に出てからのほうがいいんじゃないか」

長嶋監督の言葉を聞いた首脳陣が「監督がそう言ってるから」と告げてくる。コーチを通じて聞いた言葉で、真意はわからない。しかし「そんなに早く一軍に戻ってこなくてもいい」と言われているような気がした。

命令なら従うつもりだった。しかし、命令ではない。いかにも私の体を気づかうようにして、一軍復帰の時期を遅らせようとしていた。

もし、私の足の状態を本当に気づかっているのなら「外野守備の練習をしたほうがいい」という方針も告げなかっただろう。

コーチが意見として言っただけで、これも、命令ではない。外野しか出場する余地がないのなら、足に負担がかかっても外野守備の練習をする。しかし一軍の現状を見ても、そんな状況ではなかった。今、私が置かれている状態は、自分自身にとっていいことだと思えるものではなかった。

だったら自分で決める。それぐらいの我《わ》が儘《まま》を言わせてもらう。いきなりでも結果を出す自信があった。

「二軍戦には出ません」

そう言って、外野の守備練習もやらなかった。

プロ入り後、二軍戦に出場したことがなかった。メジャーでは、そういった略歴も選手としての勲章になるらしいが、そんな勲章はどうでもよかった。自分の我が儘を貫くために、そんな勲章を盾にしただけだった。

「見てろよ」

心の中のつぶやきだった。そんな意地が、強くなっていった。

当初、復帰は五月三十一日の中日戦だったが、三日前に右の背中を痛めてしまった。復帰が間近に迫り、知らず知らずのうちに焦っていた。意識はしてないが、足を庇《かば》う打ち方で背中に負担が掛かったのだ。

不思議に焦りが消えた。復帰の日は六月中旬にずれたが、逆に精神的には落ち着いた。

「きちっと体を治してからだ。万全な状態なら、結果を残せる。俺は今までも、そうやってプロの世界でやってきたじゃないか」

言い聞かせた。

肉体的にも、精神的にもいい状態で闘える。ただしその闘いは、自分だけの孤独な闘いで、誰も助けてくれない。むしろ、復帰する何試合かで打てなければ、すぐに使われなくなってしまうだろう。覚悟を決めた。

復帰初戦になる六月十四日を迎えた。

朝の食卓には赤飯が用意された。結婚してからは、開幕当日に必ず用意された朝食だった。チームの開幕戦はとっくに終わっているが、自分の開幕戦はこれから始まる。

家にいた時、息子の嘉宏《よしひろ》に「パパはなんで試合に出ないの？」と聞かれ続けた。ただ曖昧《あいまい》に笑うしかなかった。動けない間、イライラする気持ちを紛《まぎ》らわそうとして、飼い始めた熱帯魚のグッピーが、今では七十匹以上に増えていた。そんな日も、これで終わりだ。

「全力でやろう。アキレスけんも、ゲームで切れるなら構わない」

車に乗り込み、戦闘モードに切り替えた。

阪神の先発は、売り出し中のルーキー・藪だった。今のセ・リーグでいちばん勢いがある投手だ。強気に内角を攻めてくるタイプだが、今の自分にはもってこいの相手だろう。気持ちでは、誰にも負ける気がしない。真っ正面からのぶつかり合いは、望むところだった。

打順は七年ぶりになる七番だった。関係ない。これから打ちさえすれば、それなりの打順になるはずだ。守備位置は三塁だった。

一打席目は三塁ゴロに討ち取られ、チームも無得点だった。〇―二で迎えた四回二死、二打席目が回ってきた。

「一発で流れを変えてやる」

初球は内角のストレートだった。しかし、その後の投球は内角を攻め切れていない。相手バッテリーも、一発を警戒しているのがわかった。カウント二―二から、フォークがきた。ど真ん中から低めに落ちてくるフォークだ。思い切りすくい上げた。

一塁まで全力で走った。大歓声が聞こえてくる。二塁ベース手前だった。ホームランの感触は、忘れていた。

「見たか！　これが俺の力なんだ」

ベンチに向かって叫びたかった。嬉しさよりも先に、そんな思いが込み上げてきた。

復帰初戦にホームランを打ったら、派手なポーズを決めてやろうと思っていた。ファンを喜ばせるために考えたパフォーマンスなら、考えていた通りに動けただろう。しかし、心に余裕はなかった。右手で拳を握りしめただけだった。

試合も五回には篠塚さん、川相、松井、落合さん、吉村が五連打して逆転した。何よりも、チームが勝たなければ意味がない。今まで打ったホームランの中でいちばんだった。そう感じられたのは、試合に勝ったあとでだった。

家で喜んでいる嘉宏の顔も思い浮かべた。

敵は己自身

ビールすら飲まなかった。闘いは続いている。酒でも飲んで患部に支障をきたせば、それで終わりになってしまう。そんなつまらない終わり方だけは、勘弁だ。アキレスけんの痛みさえ出なければ、バットはいい感じに振れている。

翌日の試合は二打数無安打に終わったが、復帰した最初の三連戦は九打数三安打一本塁打。まずまずの成績だった。その後の数試合も、コンスタントにヒットが打てた。自分の打撃だけに集中せず、チームのことを考える余裕も出てきた。

六月二十二日のヤクルト戦、一点をリードされていた。二回無死一、二塁で回ってきた打席で、ベンチのサインを確かめた。何もサインは出ていない。それでも、二人の走者を得点圏に進めたい場面だ。長嶋監督も、送りバントのサインは出しにくいだろう。ヤクルト内野陣の守備位置を確認すると、深めに守っていた。

狙いは的中した。プロ入り初のセーフティバントだった。相手も巨人の四番を打ち、足をケガしている選手が、まさかセーフティバントをしてくるとは、思わなかっただろう。

七番打者の役割を忠実にやり遂げた満足感は、冷ややかな視線で打ち消された。ベンチにいる首脳陣たちなのか、選手たちなのか、それともファンの人たちなのか、わからない。

「原にはプライドがないのか？　巨人の四番を張ってきた男がバントなどするなよ」

冷ややかな視線を言葉に替えれば、こんな言葉になるのだろう。しかし、自分が考えている野球観を自分のプライドだけで曲げる気はなかった。

クリーンアップでもない選手が自分勝手に打っていたら、試合は優位に進められない。調子はいいが、今の自分は七番を打っている選手にすぎない。今まで打ってきた四番でなら「さぁ来い」といって打っていく。今の立場は違う。守備位置を確認し、バントでもヒットになると確信して実行した。

何よりもチームのためで、そのチームを預かって監督をしている長嶋監督のためだった。

復帰前は首脳陣に対しての反発心もあったが、自らが打ち出せば、そんなに気になるものではなかった。

復帰してからの十試合は、三十六打数で十五安打。四球も八個で、相手チームも警戒していた。バットさえ振れれば、打てる気がする。しかし、好調な打撃を、いちばん評価していなかったチームは、ジャイアンツだった。

自分の存在が軽くなっていた。実感したのは、七月に入ってからだった。七月の最初の試合で、三塁を守っていた時、セーフティバントを二回も決められてしまった。

「慌てて一軍に上がったから、下半身に疲れがある。あいつの下半身はボロボロだ」

ある首脳陣が、言っていたらしい。

続く二日と三日の試合が無安打で終わった。確かに疲れがあるのかもしれないが、患部に痛みはなく、これぐらいの疲れなら気力で補える。四日は大阪への移動日で、ゆっくり休めば疲労は回復する。五日の阪神戦の先発は、復帰初戦でホームランを打っている藪だった。

試合前のスタメンオーダーに自分の名前はなかった。

二試合、打てなかったといっても、打率は三割一分五厘をマークしている。「疲れている」と言っていたコーチの進言を聞いて、長嶋監督がスタメンから外したのか？　それとも長嶋監督自身が私の能力を見限ったからだろうか？　多分、両方だろう。

それなら、疲れていないことをアピールするしかない。甲子園の室内練習場に籠《こ》もり、特打を敢行した。

翌日の試合も、スタメンから外れていた。出番は九回一死満塁からの代打だった。

気持ちが、高ぶった。元気な姿は、バットで証明するしかない。しかし、そんな闘志は、阪神のマウンドにいる弓長にも伝わっていた。内角へのボールはなく、外のシュートをライト前へ弾《はじ》き返した。

本当はインコースを打ちたかった。しかし、相手にも一発を狙っている心境がバレてしまっている。フォアボールでもいいという余裕はない。ボール気味の球でも打ちにいってしまう。打たなければ、スタメン復帰はないからだ。

今まで、こんな精神状態で野球をしたことはなかった。弓長からヒットは放ったが、不振への入り口に立っていた。打率は急激に下がっていった。

自分の未熟さに気がついた。七月下旬になると、冷静さを取り戻した。後半戦のスタートになる試合では、落合さんの守備固めで試合に出された。打者として、偉大な記録を残している落合さんだが、やはりそんな形で出場するのは、本意ではない。

「このままじゃ、俺自身がダメになってしまう。余計なことを考えず、チームのためになることだけに集中する。チームに忠誠心を持つ。出番がどんな形でも気にするようじゃいけないんだ」

そう割り切ると、体から余分な力は抜けた。バットもスムーズに出てくる。七月二十七日、甲子園の室内練習場に籠もって特打で汗を流した。湿気があり、狭い室内練習場だが、ここでのフリー打撃は打つだけに集中できる。余計な感情は、体の外へ出ていった。

翌日の試合は代打でレフト前ヒットを放った。一日空《あ》いて、三十日の試合でも代打で同点三号アーチを放った。この一発で、後半戦に入って二試合目のスタメンが用意された。

このスタメン復帰チャンスを逃すわけにはいかない。しかし、結果を求めすぎて、ボール球に手を出したら同じ過《あやま》ちの繰り返しになる。自分自身との闘いだった。

焦りは、抑え込んだ。二試合連続の四号を放つと、翌日の試合でも二打席連続ホームランを放った。三試合連続のアーチは、プロ入り初めての三打席連続アーチになった。

神様との闘い

全盛期でも打てなかった三打席連続本塁打をこの年齢で打てた。耐えさえすれば、道は開けてくる。そう信じた。満足感があるから耐えられると思った。

現実は、想像を超えていた。打っても使われない。一試合でも打たなければ、すぐに引っ込められる。そんな起用法には慣れてきた。しかし、修行僧のような気持ちでいられた日は、長くなかった。

八月七日の試合で七号ホームランを放ち、チームの連敗は四で止まった。連敗こそ止まったがチームに勢いはない。再び三連敗した。敗因は打てない打線だった。

「自分のバットでなんとかしたい」という一念に駆られていた。三連敗中、自分の調子はよく、十二打数七安打一本塁打。

「今の調子なら、チームを救う打撃ができる」

奮起していた。

長嶋監督は低迷する打線のテコ入れとして、オーダーを変更した。そこには、自分の名前はなかった。打線のテコ入れは必要だと思っていたが、そのテコ入れが自分に回ってくるとは全く想像してなかった。打てなければ使われないのはわかっていたが、そうじゃなかった。

その試合での出番は、落合さんの守備固めだった。

試合を重ねるごとに、心を踏みにじられた。八月十六日の試合は、死球を受けて退場した落合さんの代走で使われた。そして九月七日の横浜戦を迎えた。

一点をリードした八回一死、スタメン出場していた私に打席が回ってきた。長嶋監督がベンチから出てきた。何をするために出てきたか、わからないでいた。

「代打・長嶋」

球審に告げていた。

打撃の状態は悪く、代打を告げられるのは仕方ない。しかし、左打者ならともかく、同じ右打者の一茂だった。代打を告げられた瞬間は、頭が真っ白になった。バットを持ってベンチに引き上げると、これまで感じたことがない感情が込み上げてきた。

「ここまでやんのかよ」

長嶋監督はプロ野球界にとって、神様のような存在だろう。長嶋監督から見れば、自分の存在なんて虫けらのようなものだ。

「虫けらにも五分の魂があるんだ。虫けらの意地を見せてやる」

一茂は初球を打ってサードゴロに倒れ、試合も九回表に二点を奪われて逆転負けした。着替えをする私に誰も声をかけてこない。慰めてもらう気もなかった。声をかけてきたのは、仕事のために仕方なく質問しなければならない報道陣だけだった。

「あの代打？　こんな時期だし、起用法がどうこういってられないよ」

一人の選手として我慢しなければならない。

「これ以上、話すと余計なことを言ってしまいそうだから、今日は勘弁して」

それだけ言うのが、やっとだった。

引退してほしいから、そういう起用法をするのだろう。長嶋監督だけでなく、首脳陣の全員は私と話すのを極力避けている。話す時でも、斜めを向き、正面から視線を合わそうとしない。悲しかった。しかし、その悲しみを超越した反骨心が芽生えた。

「自分の死に場所ぐらい、自分で決めるんだ」

現役選手として望まれていないのはわかっているが、来年も現役で闘う決意を固めた。

闘う覚悟

外堀は、埋められていた。日本一を達成したオフには、ヤクルトで活躍していたハウエルの移籍が決まった。ハウエルのポジションは、三塁だった。一塁には、落合さんがいる。落合さんが試合に出られなくなっても、外野手登録された広沢が一塁へ回ってくる。スタートする前から、私の守るポジションはなくなっていた。

しかし、それほど気にはならなかった。ポジションがあった昨年でさえ、レギュラーとして扱われていない。昨年、前半戦はケガに泣かされたが、六十七試合に出場して打率二割九分、十四本塁打。落合さんが欠場した日本シリーズでもスタメン出場し、二十四打数七安打で打率二割九分二厘。日本シリーズは六度経験しているが、最高の数字を残せていた。まだまだやれる。手応えも、自信もあった。

必要なのは忍耐だった。いつくるかわからないチャンスをジッと待つ。その時にくるチャンスは、昨年とは違うだろう。どうしても私を使わなければならない状況で回ってくるチャンスだからだ。そのチャンスをものにすればいいのだ。

正月は一月六日からトレーニングを開始し、キャンプでも初日から精力的に動いた。春の宮崎キャンプは、ベテランと若手に分かれての練習だったが、四日目には朝の早出特打を志願した。主力選手が出場しない紅白戦の初戦にも、オープン戦の初戦にも出場するつもりだった。ケガ人が出た時に自分の準備ができていなければ、話にならない。できる限りのアピールだった。

昨年、痛切に感じた反省点もあった。いくらヒットを打っても使われないなら、もっとホームランを増やせばいい。打撃フォームを改良した。

若い時に打っていた打ち方に戻した。私はリストは強いが、腕っ節が強いほうではない。ボールを遠くに飛ばすためには、下半身で撥《は》ね上げるようにして打たなければならない。アキレスけんに故障を抱えているのも、そこに負担がかかる打ち方だったからだ。

昨年もアキレスけんの状態がよくなってからは、撥ね上げるような打ち方を意識していた。しかし、今年はさらに状態がいい。最初からフルパワーでやれる。スタンスを狭め、ややバットを下から出すような感じでボールを下半身で撥ね上げる。アキレスけんが切れるまで、撥ね上げてやろうと思っていた。

開幕戦は、ベンチにいた。体がどこも痛くないのに、ベンチにいたのは初めてだった。

「そんなこと、最初からわかっていたことじゃないか。辛くても声を出してベンチを盛り上げよう」

自分に言い聞かせた。

覚悟はしていたが、辛い時間が過ぎていった。体はどこも痛くないという事実が、逆に恨めしくなるほどだった。球場の行き帰りをする車の中は、ガムの包み紙が散乱した。鬱積《うっせき》している気持ちを紛らわすために、ガムを噛《か》み続けた。顎《あご》が疲れて痛くなって、ガムを止めた。

四月、五月と過ぎ、六月が過ぎようとする時期だった。六月二十三日、首脳陣に呼び出された。

「二塁の守備練習をしてくれ」

武上打撃コーチに言われた。打線が打てず、チームの状態は最悪だった。しかし、チームの状態が悪くなければ、チャンスは回ってこない。待っていた出番が、近づいている。

「今度のチャンスは逃せないぞ。逃したら、引退だ」

決意を固めると同時に、ずっと封印していた打撃も実践する決意を固めた。九年前、広島戦で津田の投げたボールをファウルした時に左手の有こう骨を骨折した。厄介な骨折だった。

骨折の代償は、そのシーズンを棒に振っただけではすまなくなっていた。

ふつうは左手の小指に力を入れてバットを握るが、私は人差し指と中指に力を入れる持ち方だった。そのほうが、バットのヘッドの返りがよくなり、強い打球が打てた。しかし、この骨折をしてからは、どうしても痛くてできなくなっていた。

バットを短く持ったり、グリップエンドが大きいタイカップ型のバットを使ったりして工夫したが、打つ時の衝撃からくる激しい痛みは消えなかった。その時以来、本当の自分の打撃はできなくなっていたのだ。

「痛いとか言ってられない。どうせこのまま終わるぐらいなら、左手が壊れたっていいじゃないか」

フリー打撃で試してみた。やはり激痛が走った。しかし、打球は強くていい感じに飛んでいる。練習で長い間は打てないが、実戦で結果を出せばいい。ホームランを量産していかない限り、次のチャンスはつかめないからだ。いつ爆発するかわからない爆弾は、アキレスけんだけじゃなく、左手にも抱えていた。

後半戦が始まる直前にハウエルが家庭の事情でアメリカに帰った。今後、再び戻ってくる可能性はなかった。二塁の守備練習もしていたが、これで三塁での出場の可能性も大きくなった。チームのピンチに不謹慎だが、そんなことを感じている余裕はない。膨れ上がった気力は、破裂しそうなほど充満していた。

ジャイアンツでの居場所

空回りしてしまった。わずか二試合のスタメンだが、チャンスを生かせなかった。七月二十九日の試合が四打数無安打。翌日の試合が五打数一安打。それで終わってしまった。

諦めかけていた時、再びチャンスが巡ってきた。八月十日、マックがケガをして戦列から離れた。マックは外野手だが、それまで三塁を守っていた後藤が本職の外野に回った。元木もケガをしており、三塁の守備をこなせるのは、自分と岡崎に加え、マックの代わりに一軍に上がった吉岡だけだった。

「今度こそやってやる」

しかし、想像していたチャンスは、回ってこなかった。

八月十一日、三塁のスタメン出場は、広沢だった。守備練習は、広沢自身も慌てていた。広沢は三塁の控えではなく、打撃も不振だった。当然、私の出番だと思っていた。期待していた分、そのショックも大きかった。野球生命をかけて戦う最後のチャンスさえ、与えられなかった。

体が言うことを聞いてくれなかった。試合前のシートノックでは、ファーストミットを持って一塁の守備についた。チームのことを考えれば、戦力的に手薄な三塁の守備位置でシートノックを受けなければならない。シートノックで三塁へ行かなかったのは、首脳陣に対しての精一杯の抵抗だった。慣れ親しんだ三塁ベースには、近づきたくなかった。

「このチームに、俺の戦う場所はない」

もっと早く気がついてもよかった。そうすれば、こんなに苦しまなくてすんだだろう。長嶋監督や首脳陣が引退してほしいと思っていても、ヒットを打ち、ホームランを打てばチームに貢献できると思っていた。しかし、私がヒットを打ち、ホームランを打てば、それだけ引退から遠のいてしまう。それならば、打たせなければいい。打つ機会を与えなければいいのだ。

もはや自分と長嶋監督の間には、埋められない「溝」があった。長嶋監督の意向を受けて、話し合おうとするコーチもいない。これでは「溝」など埋まらない。

ジャイアンツのユニホームを着ている意味がなくなった。このままチームにいても、雰囲気が悪くなるだけだった。

他の選手たちにも、自分の存在は迷惑をかけていた。思い出すのは、五月三十日の試合だった。二点を追う九回一死満塁で回ってきた打席で、代打を送られた。代打は吉村だった。私は前の打席ではチーム初打点となる二塁打を打っていて、まさか代打を送られるとは思っていなかった。

「ヨシ（吉村の愛称）、そんなすまなそうな顔しなくていいんだぜ……」

その時は、怒りもなかった。昨年も代打で一茂を起用されていたし、どんな起用法にも我慢すると決めていたからだった。

その後、新聞記者から吉村が長嶋監督に「原さんの代打だけは勘弁して下さい」と言ったと聞いた。自分の存在が、チームの足を引っ張っていると最初にわかった時だった。

不平不満を言わずに黙って頑張るのがチームのためと思っていたが、違った。吉村は、長い間ジャイアンツでともに戦ってきた仲間だった。どういう思いでチームを引っ張ってきたか、よく知っている。

その吉村が、起用法について監督に意見した。本当かどうかは、確認などしない。しかし、吉村という男がそういう行動に出るのは、十分に想像できた。

一発で逆転の場面で代打を出されるのは、確かに屈辱だ。しかし、吉村は左打者で、監督が私の力を買っていないことを考えれば代打は仕方がない。それを嫌がるようでは、チームは成り立たなくなってくる。辛い起用法にも耐え、それでも一途な気持ちで一生懸命にやる私の姿勢は、チームにとってマイナスになっていたのだ。

私自身の反省点もあった。選手生命をかけて昔のグリップでフリー打撃を行っていたが、長い時間は打てない。通常、フリー打撃の半分の三、四分しかバットを振れなかった。痛みを堪えて打てる限度の時間だった。

「やる気をなくしてるように思われるかもしれないな」

そう思いつつも、打撃練習を見ているコーチに短いフリー打撃の理由を説明しなかった。聞かれれば正直に話したが、こちらから説明する気もなかった。長嶋監督へも「やる気がない」という報告は上がっているだろうし、間違いなく誤解されていただろう。

この頃に、他球団から誘いを受けた。

「ウチにきてやらないか」

正式な話ではないだろうが、声をかけてくれたのは、四球団もあった。ありがたい話だった。自分自身、まだ現役でやれると思っていた。

「見返してやりたい」

ジャイアンツで野球を続けられないことは、悟っていた。しかし、戦う気持ちは死んでいない。まだ野球を続けたいという気持ちも、萎《な》えていない。心が揺れ動いた。

野球小僧に戻れた日

悶々《もんもん》とした日が続いた。出番はさらに少なくなった。ストレス解消になったのは、身近な人間が長嶋監督の悪口を言うのを聞いている時ぐらいしかなかった。

野球選手が本当にストレスを解消できるのは、打った時だけだ。酒を飲む。愚痴を言う。いろいろな解消法はあるが、そんなもので解消できるストレスは、大したストレスではない。解消しても、一時的な解消でしかない。

道は二つだった。このままジャイアンツで引退するか、他球団でプレーするか。いちばんの望みだったジャイアンツでプレーを続けることは、もうできない。一生懸命にやればやるほど、チームに迷惑をかけるからだ。チームへの愛着があればあるほど、辛くなった。

知人の中には、もっと怒ってもいいんじゃないか、という人もいた。正確に言えば、私と親しい人たちのほとんどが、そう言っていた。怒ってはいたが、マスコミには不満を口にしていなかった。「あれだけの扱い方をされれば、きっと世間だってわかってくれる」と言われ、私もその気になりかけた時だった。

「今の原君の立場で、そうやって長嶋監督に反抗したら拍手してくれる人もいるだろう。それだけ酷《ひど》い扱いを受けていると思う。でも、そんな拍手は一時的なものだぞ。そんな拍手をしてもらうために、今まで残してきたきれいな足跡を汚していいのか？　野球界にとって、原辰徳という人間がいなくなっても、何も変わらない。長嶋監督がいなくなっても、野球界はなくならないだろう。そんなつまらない反抗は、意味がないことなんじゃないのか」

一人の知人が言ってくれた言葉だった。頭の中に立ち込めていた霧のようなものが晴れた気がした。

これまで、家で野球の話をすることはほとんどなかった。しかし、息子の嘉宏も、大きくなっていた。九月十九日の夜、妻の明子に話しかけた。

「嘉宏は、俺が野球を辞めるって言ったら、なんて言うかな？」

息子から辞めないでと言われたら、すっぱりと辞める気にはなれない。まだ現役を続けていく体力があるのに引退するのは、途中で逃げ出すように感じたからだ。自分ではある程度、納得できても息子に逃げ出したと思われたくなかった。

この頃、心ないマスコミが、勝手に引退すると書いて騒ぎ立てていた。すでに明子は、私が引退した時に嘉宏がどう思うか探っていた。

「じゃあ、パパは早く帰ってこれるんだね。一緒にいられる時間が長くなるんだね、って言ってたわよ」

聞いてから、自分が恥ずかしくなった。みんな成長している。成長せずに、悶々としていたのは、私だけだった。辞める時は、悔いがないように自分で決めればいい。そうやって決めた時は、誰も反対しないだろう。やるだけのことはやってきたのだから。

そう思い直し、九月二十日の試合を迎えた。出番は六回裏の守りからだった。一塁の守備につくと、大歓声で迎えてくれた。一際、大きな声援に感じられた。いつもと同じ歓声かもしれないが、ここまでそんな歓声を聞く余裕がなかった。そして七回一死、ホームランを打った。

試合の行方には関係のないホームランだったが、試合後のヒーローインタビューに促された。

ふと顔を上げ、スタンドを見た。みんなが総立ちになって、私のインタビューを注目している。

「ろくに出番もなく、活躍できないでいるのに……。俺を応援してくれるファンが、まだこんなにいるんだ……」

涙が溢れてきた。涙が止まらなくなった。

「ジャイアンツの原辰徳を応援してくれたたくさんのファンを裏切るわけにはいかない。少し余力を残して辞めたっていいじゃないか」

子供たちに夢を与えるのが、プロ野球選手の務めだと思っていた。それならば、最後まで夢を与えられるように頑張らなくてはいけない。夢を与える立場の自分が、もっと野球を楽しまないでどうするんだ。

すべてのわだかまりが吹っ切れた。一人の野球小僧に戻れた日だった。

振り返って

私の野球人生の中で、いちばん苦しかった時期だった。今、思い返しても、当時の苦しさは鮮明に思い出せるほどだ。

敢えてその苦しい時期を振り返ってみた。そこには、自分が成長するための「財産」があるからだ。「あの時の苦しみがなければ、今の自分はなかった」と言い切れる。この本を出すにあたって、自分自身の教科書のような本にしたいと思っていた。だから忘れてはいけない最も大切な期間として、書き留めておきたいと思った。

遠慮せず、偽りない思いだ。長嶋監督への思いも、当時とは変わっている。そう自信を持って言えるから書けた。それに、ここでは長嶋監督を迎えて戦った一年目について触れていないが、不甲斐ない成績で終わったのは、私が結果を残せなかったからだ。最初の年に打っていれば、違っていたかもしれない。さらに監督という立場になってベテラン選手を見た場合、長嶋監督の私への扱いもわかる気がしている。

もうひとつ付け加えるなら、私自身も未熟だった。意固地になっていた。手を差し伸べてくれなかったのも事実だが、私自身も手を差し伸べてもらおうという気持ちがなかった。全く可愛げがない人間だった。バットを持つグリップの握りを変えて、短い時間でしかフリー打撃ができなかった時も、首脳陣にその理由を説明してわかってもらおうという気がなかった。監督をやっていて、もし、そういう選手がいたら、私自身も気持ちがいいものではない。当時の私は、まともな精神状態ではなかった。

もし、長嶋監督への不満をぶちまけていたならば、現在の私の立場はなかっただろう。何よりも、現役時代の不満分子だった私をコーチとして迎え入れ、監督として指名してくれた。その心の大きさは、どんな感謝の言葉でも言い尽くせない。我慢してよかったと思えるのも、長嶋監督の存在があるからだと断言できる。

勉強にもなった。それまでの私は、他人にどう思われていようが、あまり気にしないところがあった。「見ていてくれる人が見ていてくれれば、それでいい」という思いは今でもあるが、それだけでは人の上に立つ人間として貧しすぎる。他人にどう思われているのかと考えることは大事なことだ。今になって、痛切に感じた。

ベテラン選手に対する接し方も、私なりに学んだ。控え選手の気持ちも、代打で起用される時の気持ちも、よくわかった。頭の中だけで考えたのではなく、実際の経験を通じて理解できた。辛かった分だけ、いい勉強になった。

そして野球を楽しみにしてくれるファンにも、私が監督になるまでの心理の変化を知ってもらいたかった。そういう目で見守ってくれれば、私が間違った方向に進もうとした時に教えてくれるだろう。暖かい声援も、厳しい激励も、すべて受け止めるつもりだ。ともに野球界を盛り上げていきたい。心から願っている。

あとがき

あのときめきを、忘れずに

最後に、野球小僧という話をしたいと思います。

野球をやった経験がある人なら誰でもわかると思いますが、野球ができる週末になると、「明日は休みだ、明日はみんなと野球ができる」という、わくわくした気持ちになります。それが試合だろうが練習だろうが、ともかく野球ができることがうれしい。

朝、七時に起きようと思っていたのが、五時に目が覚めてしまう。ユニホームを着る時のうきうきした状態、グラウンドに向かう時の興奮した状態、みなさん覚えてますよね。

友だちのプレーを見て、「ああ僕もあんなふうに打ちたいな」とか「ああ僕もあんなふうに球をとりたいな」という向上心を持つこと。そういう気持ちを持っているのが野球小僧です。

私たちは職業として野球をしますが、あの気持ちを忘れてはいけないと思っています。プロ野球は厳しい世界です。でも現在活躍しているスター選手たちは、最初はみんな野球小僧でした。自転車のうしろに、バットとグローブとボールをくくりつけ、原っぱにかけつけていたはずです。

野球小僧の精神を持った集団をつくりたいという気持ちがあります。格好つけて言うわけではないですが、そうすることによって、「あとからついてくる」部分というのは、必ずあると思っています。

あの野球小僧としての原風景を忘れずに、グラウンドに立ち続けていたいと思います。

原辰徳

二〇〇三年二月二十一日　宮崎にて

2003年3月14日より、原辰徳の公式ホームページ「HARA Spirit」がスタートします。昨年は巨人軍の公式ホームページの中でコラムを連載していましたが、個人のホームページとして独立させ、コラム以外のコーナーもできて、内容がさらに充実しました。野球ファンの皆様に楽しんでもらえれば幸いです。

原辰徳公式ホームページ
http://www.hara-spirit.net/
巨人軍公式ホームページ
http://giants.yomiuri.co.jp/

ブックデザイン　赤治絵里（幻冬舎デザイン室）

第三章「極秘日記／2002年激闘の軌跡」は、巨人軍公式ホームページに掲載された「原監督日記」を大幅に加筆訂正したものです。

〈著者紹介〉
原 辰徳　1958年、福岡県生まれ。東海大相模高校、東海大学を経て、81年、ドラフト1位で巨人に入団。22本塁打で新人王に輝く。83年には、打点王のタイトルを獲得し、MVPに輝く。95年、15年間の現役生活にピリオドを打ち引退。通算本塁打は382本。99年、巨人の野手総合コーチとして復帰。2000年にはヘッドコーチとなる。02年、第14代巨人軍監督に就任すると、いきなりセ・リーグ優勝に輝き、新人監督としては史上初の日本シリーズ4連勝で西武を破った。
原辰徳公式ホームページ(http://www.hara-spirit.net/)
巨人軍公式ホームページ(http://giants.yomiuri.co.jp/)

選手たちを動かした勇気の手紙
2003年3月15日　第1刷発行

著　者　原 辰徳
発行者　見城 徹

GENTOSHA

発行所　株式会社 幻冬舎
〒151-0051 東京都渋谷区千駄ヶ谷4-9-7

電話:03(5411)6211(編集)
03(5411)6222(営業)
振替:00120-8-767643
印刷・製本所:図書印刷株式会社

検印廃止

万一、落丁乱丁のある場合は送料当社負担でお取替致します。小社宛にお送り下さい。本書の一部あるいは全部を無断で複写複製することは、法律で認められた場合を除き、著作権の侵害となります。定価はカバーに表示してあります。

©TATSUNORI HARA, GENTOSHA 2003
Printed in Japan
ISBN 4-344-00312-8 C0095
幻冬舎ホームページアドレス　http://www.gentosha.co.jp/

この本に関するご意見・ご感想をメールでお寄せいただく場合は、
comment@gentosha.co.jp まで。